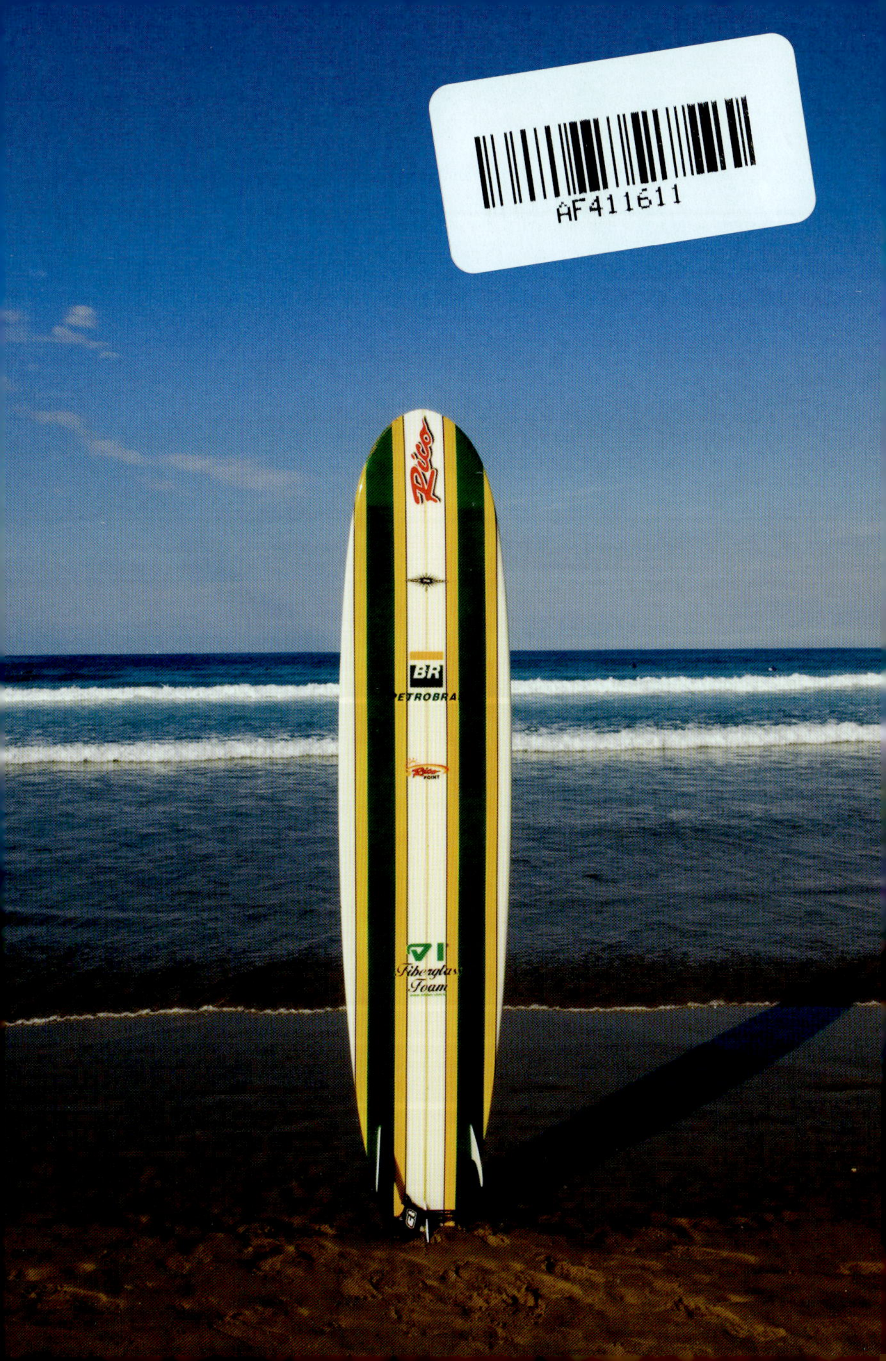

AF411611

Biblioteca PHotoBolsillo

Luis de las Alas

PHoto**Bolsillo**   LA FABRICA

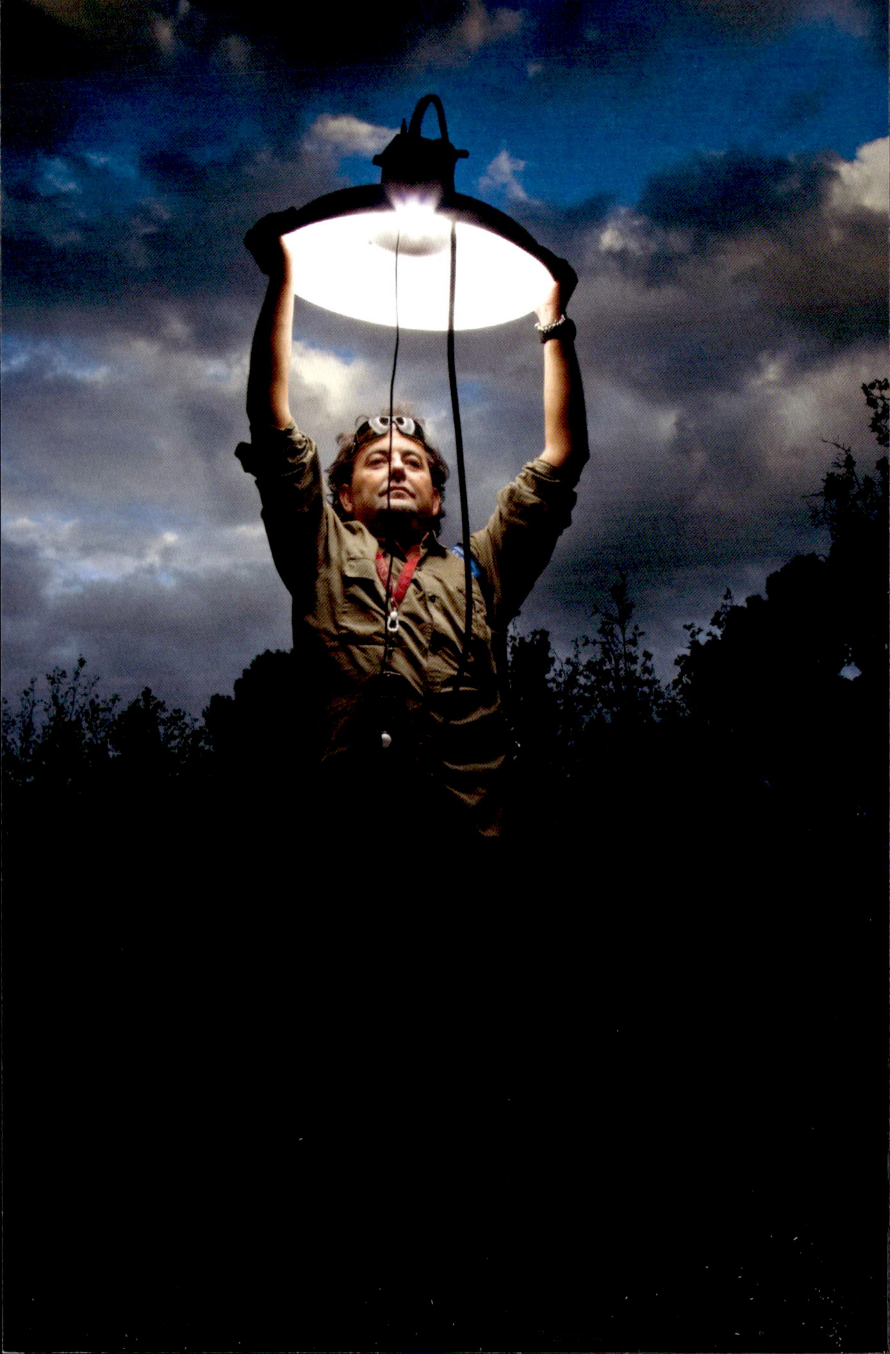

Luis de las Alas
Independiente e inclasificable

Juan Manuel Bellver

Si en vez de ser periodista, hubiera querido ser fotógrafo, me habría gustado ser Luis de las Alas. Con él comparto no solo la nacionalidad, el signo de horóscopo y la edad, sino una cierta manera de ver esta profesión y la vida en general, además de algunas pasiones inocentes y otras no confesables. Lo que hace de Luis un profesional de la cámara bajo todo punto de vista admirable es, precisamente, su manera de ser. Para quienes menos le conocen es un motero, un rockero, un surfero, un bohemio, un rebelde ilustrado y un canalla elegante, devoto de los placeres y la belleza, viajero impenitente, sibarita y librepensador.

Pero detrás de esa imagen exterior que ha cultivado voluntariamente –y que tan buenos resultados le da en sus escapadas y correrías nocturnas–, se oculta un hombre cabal, sensible, curioso y hasta reflexivo. Un profesional polivalente y no por ello menos riguroso, cuya honestidad, independencia, discreción y visión humanista se reflejan, de un modo u otro, en los temas que escoge para fotografiar o en la forma en que encuadra una imagen.

Durante las tres últimas décadas, he tenido el privilegio de trabajar con algunos de los autores que integran esta admirable colección de PHotoBolsillo. Viajando con ellos varios días para realizar una entrevista o un reportaje en algún lugar recóndito, bajo condiciones no siempre favorables, uno tiene tiempo de descubrir al ser humano que se pone detrás del visor. De forma inconsciente y natural, a fuerza de kilómetros recorridos y experiencias compartidas, surge una relación primero de respeto laboral y luego de camaradería y franca amistad. Así ocurrió con Luis de las Alas, con quien mantengo esa complicidad impagable desde finales de los noventa, cuando empezamos a hacer temas en comandita que luego saldrían publicados en la *Luna del Siglo XXI,* el *Magazine* de *El Mundo* o la revista *Sobremesa.*

Juntos hemos estado en los mejores restaurantes del planeta o en tabernas de garrafón, en la zona VIP de Wembley o en los clubes de blues más chungos de Chicago, en los arrabales milongueros de Buenos Aires o en el barrio chino de Barcelona, catando vinos con marqueses o de fiesta *after* con Calamaro, en el bullicioso mercado de pescados de Lima o en Les Halles de Lyon, en los escarpados viñedos del Douro, Hermitage o el Priorat... Hemos dormido en hoteles de lujo y en el suelo de una furgoneta maloliente. Nos han tratado de robar en Montevideo y nos ha detenido un *patrolman* en Sausalito.

Fieles a nuestras propias contradicciones, solíamos abordar los artículos de *rock and roll* desde una perspectiva gourmetista y la gastronomía con un enfoque absolutamente rockero. Era la forma de hacer algo distinto, pero también una postura vital. Durante esas aventuras, he tenido la suerte de ir conociendo a este madrileño de la cosecha 65 –pésimo año para el vino, excelente para las personas– cuya pasión adolescente era cabalgar las olas en la Playa de los Locos, pero que lo dejó todo por la fascinación de retratar personas, paisajes y momentos.

Supe que había aprendido a mirar por un objetivo en el Centro de Estudios de la Imagen (CEV), que a los 18 años ya estaba colaborando con distintos medios de prensa escrita y que, desde que dejó su último empleo fijo en 1990, tras recibir el premio Fotopres en la modalidad de retrato, se buscaba la vida como *freelance*, alternando las portadas de revistas o de discos con exposiciones personales, compensando los encargos alimenticios con proyectos vocacionales o aventuras románticas impulsadas por amigos como *El Canto de la Tripulación* o la revista *Matador*. Durante estos casi 30 años de febril actividad fotográfica, ha cultivado toda suerte de géneros, desde el editorial de moda acanallado en revistas *trendies* –con o sin presupuesto– hasta el reportaje *on the road* al más puro estilo de periodismo

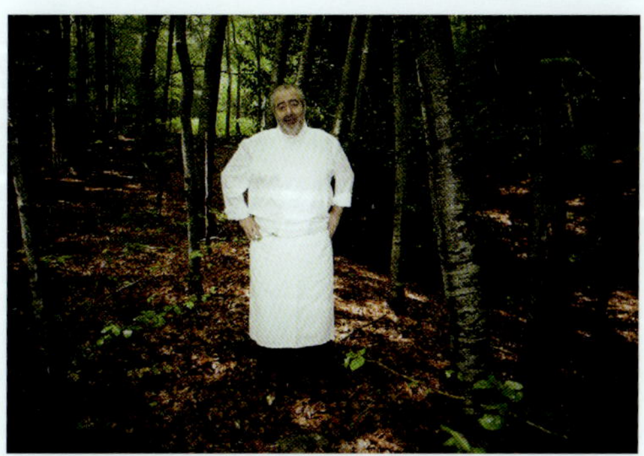

Santi Santamaría, 2008

gonzo, pasando por esos retratos que son su principal seña de identidad, por la cual se lo rifan los editores gráficos y creativos publicitarios de media España.

Para él, el retrato no ha sido nunca un vehículo documental ni una excusa para recrear sus más locas fantasías. No es tampoco un cazador de muecas o escorzos violentos. Ni está obsesionado por captar un instante mágico e irrepetible en formato de 35 mm. Para hacer un personaje, Luis nunca ha precisado atrezo ni gesticulación, sino unos minutos preciosos en los que logra acaparar la atención del sujeto. Entonces le pide que fije la vista y adopte una postura cómoda, una expresión circunspecta. El tipo se relaja y la foto está hecha. Parece simple, ¡pero inténtelo ustedes! Por supuesto, dicha técnica solo sirve cuando se trata de un ser humano. Lo digo porque, en alguna ocasión, nuestro amigo ha retratado animales, como aquellas aves rapaces que exhibió en PHotoEspaña 1999 y están presentes también en este libro. Con ellas, no sé cómo se las arregló.

Volviendo al retrato, es tal la fascinación que Luis tiene por este género que, a veces, ha sacado de quicio a algún redactor-jefe intransigente. "¡Te pedí un reportaje sobre un tema y me traes una sucesión de retratos! ¿Pero qué es esto?", le dijo alguien un día. "¿Pues qué va a ser?", respondió con su proverbial retranca. "Tu reportaje". Cuando uno tiene esa sensatez desarmante y esa bonhomía para encajar las ironías del negocio, puede defender mejor que nadie su criterio y su obra. Ignoro si De las Alas le enseña esto a sus alumnos del Máster Internacional en Fotografía Documental Contemporánea de la Escuela de Fotografía Centro de la Imagen (EFTI), donde da clases desde hace ya ocho años, pero debería.

Estudioso de las múltiples transformaciones del medio, a raíz de la introducción de las nuevas tecnologías, De las Alas cree sin embargo que la forma de trabajar sigue siendo en esencia la misma, con resultados similares. «En otros tiempos muchos pensábamos en la fotografía como acto notarial», explica. «Pero la experiencia me ha revelado que, aún siendo indicio de la realidad, queda perturbada a través del propio medio. El montaje, la iluminación e incluso el propio encuadre alteran la realidad descontextualizándola, de forma que queda distorsionada».

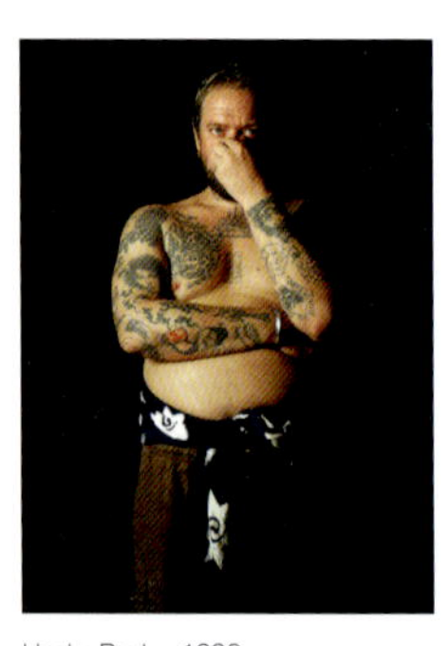

Hanky Panky, 1996

Para De las Alas, la diferencia es que, en la actualidad, se asume de forma más sincera la manipulación inherente a la fotografía. Y, al admitir que lo fotográfico no tiene una relación directa con lo real, los límites entre el documentalismo (reportaje, arquitectura, científica) o la fotografía de ficción (publicidad, arte, moda, entre otros) se han diluido. Ello supone un enriquecimiento de dichas actividades, pero también una pérdida de identidad o ruptura de una visión más clásica que encasilla las distintas disciplinas. «Mi carrera me ha permitido abarcar casi todos los ámbitos mencionados, aplicando en las diversas modalidades formas de trabajo que no se corresponden, en principio, con lo habitualmente aceptado», reconoce. Esa actitud de profesional independiente e inclasificable, esa terca resistencia a abrazar etiquetas o adscribirse a tal o cual corriente no es habitual en este oficio. Quizás por eso el reconocimiento de los sectores más ortodoxos se ha hecho esperar. Más preocupado por devorar la vida que por coleccionar trofeos, sigue siendo ese eterno soñador que, hace unos años, acudió a la playa de Biarritz para realizar un reportaje sobre un campeonato del mundo de surf, en la especialidad de *longboard*, y se volvió a Madrid con una tabla bajo el brazo.

Resulta difícil aprehender, en las 96 páginas de un libro de bolsillo, la extensa obra y la variedad de registros de su actividad fotográfica. Acaso algunas facetas de las que hemos hablado aquí hayan quedado un poco olvidadas en el presente volumen. Pero los editores han preferido dar relevancia a esa labor menos mediática, más personal y artística, que refleja las inquietudes del autor lejos del entorno periodístico. Imágenes sin artificio basadas en la contemplación de las personas y situaciones que le salen cada día al paso. Gente corriente que parece importante, y famosos con vocación de normalidad. Escenas fascinantes del planeta Tierra. Pura vida, compañero.

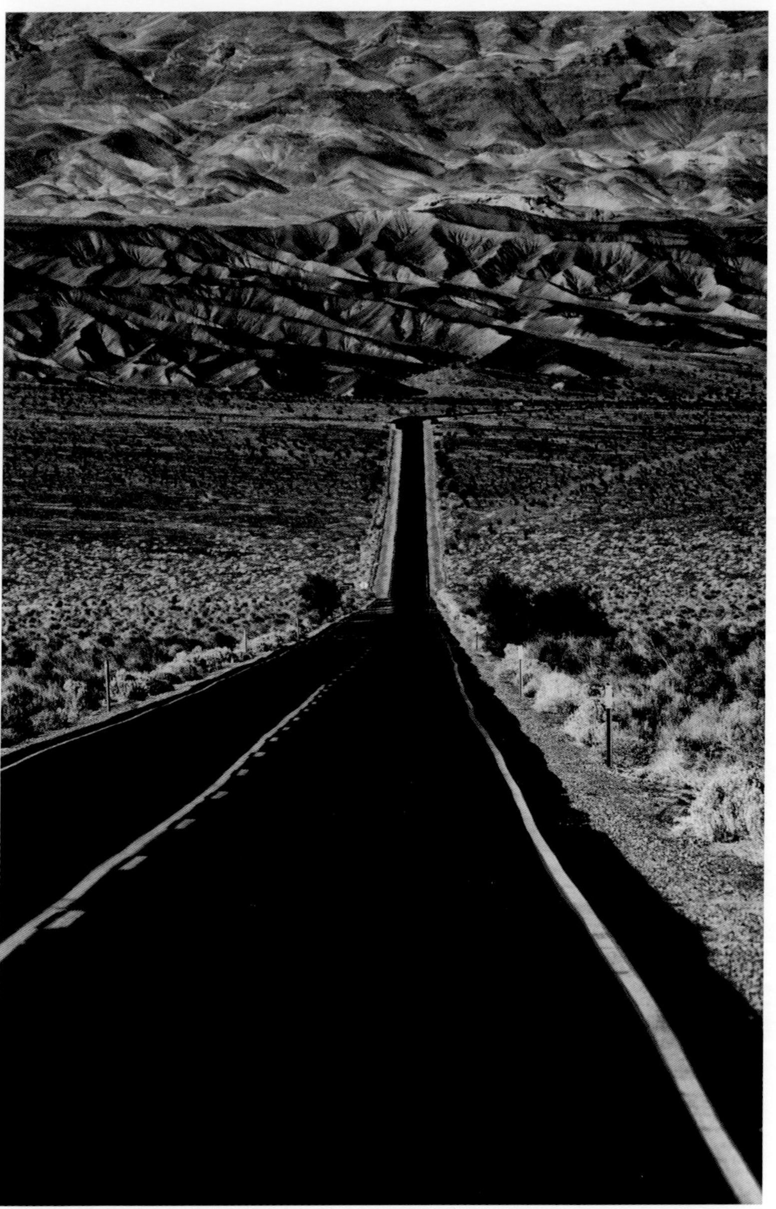

01. Death Valley, 2008

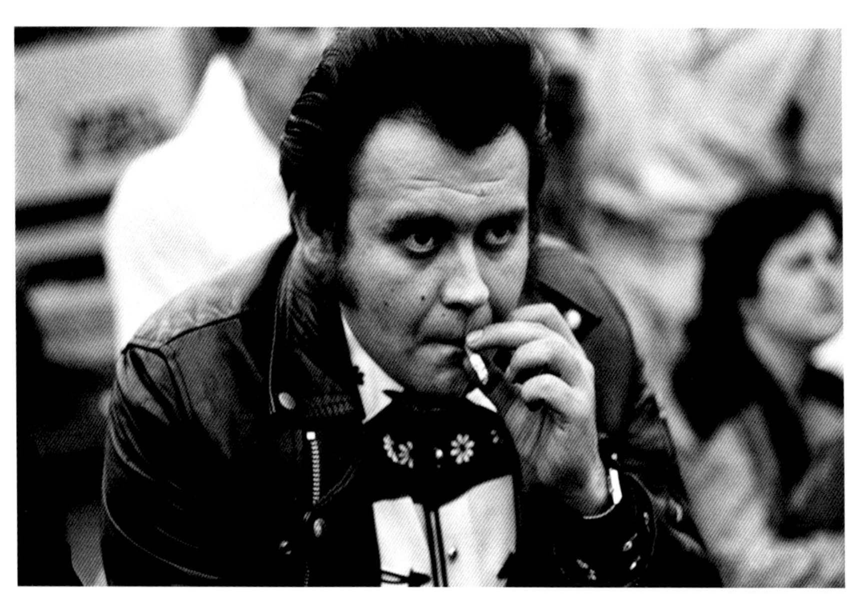

02. Rockers, Madrid, 1985

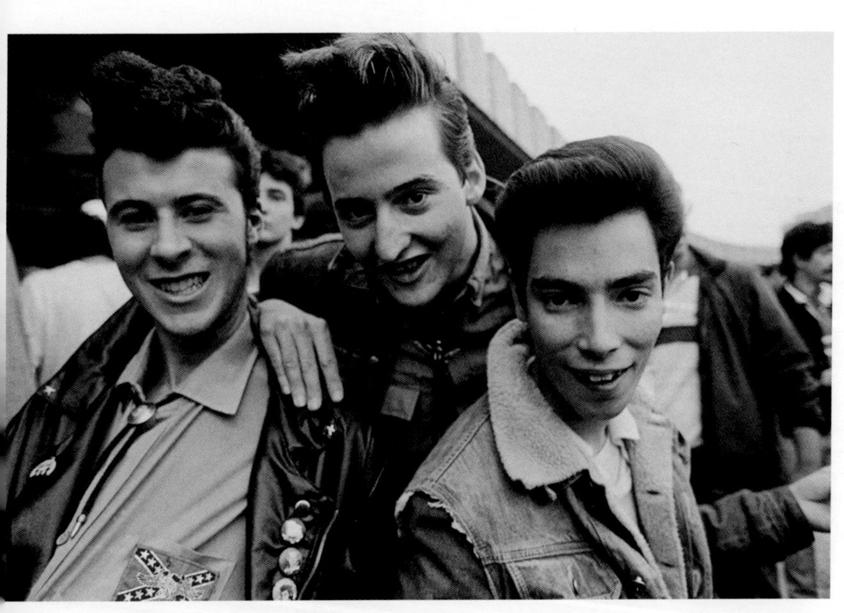

03. Rockers, Madrid, 1985

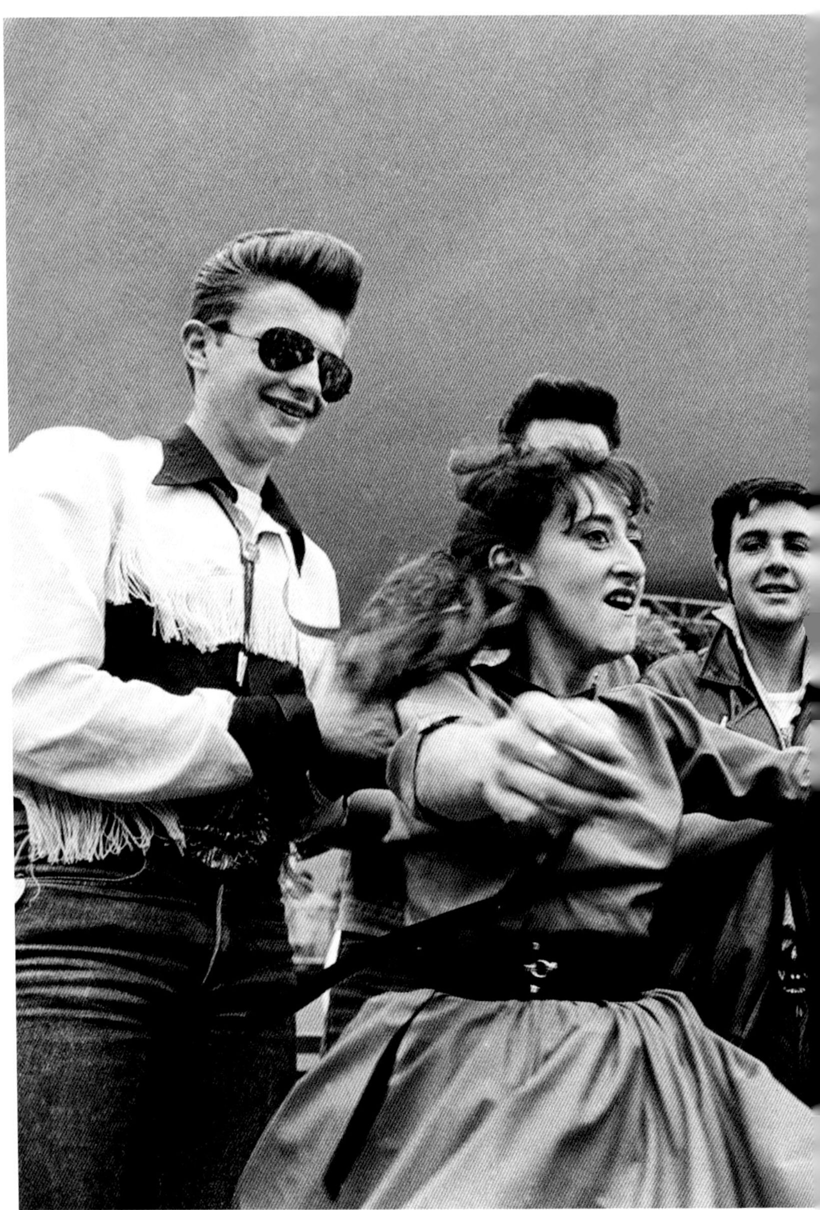

04. Rockers, Madrid, 1985

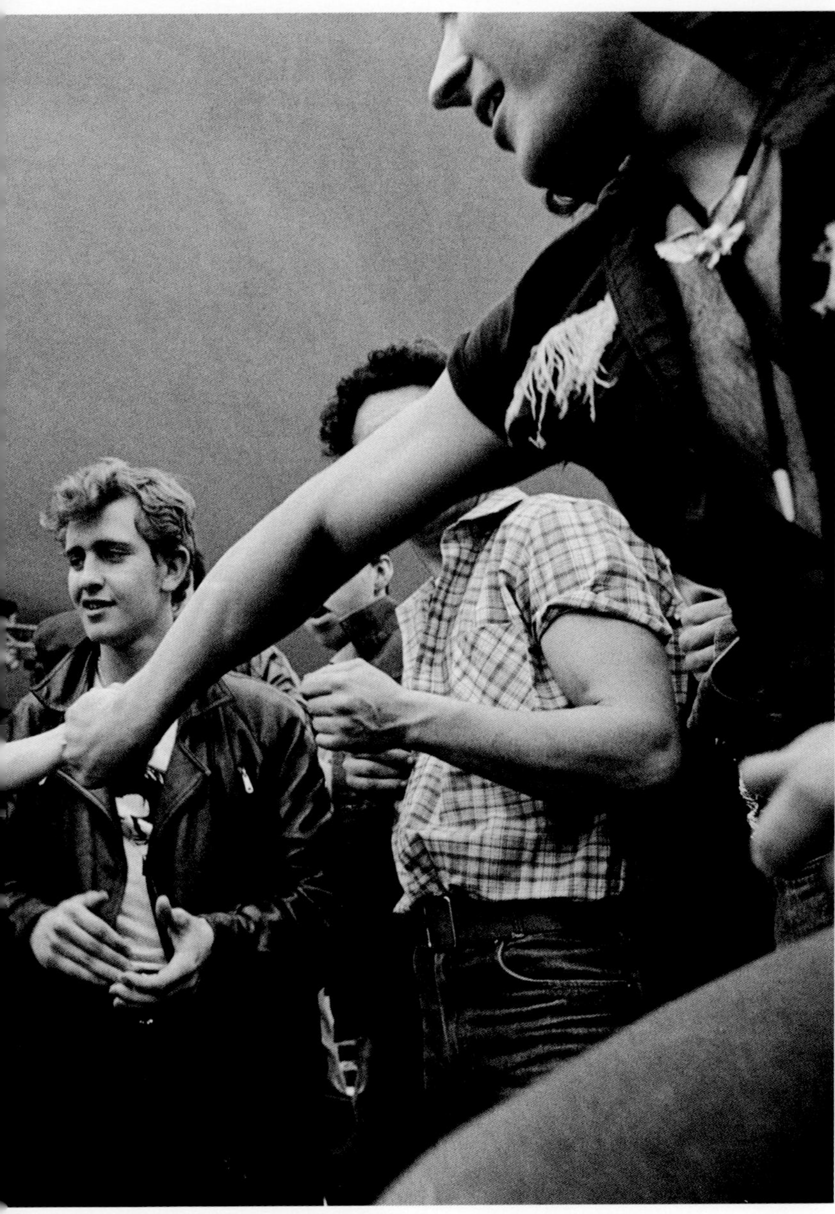

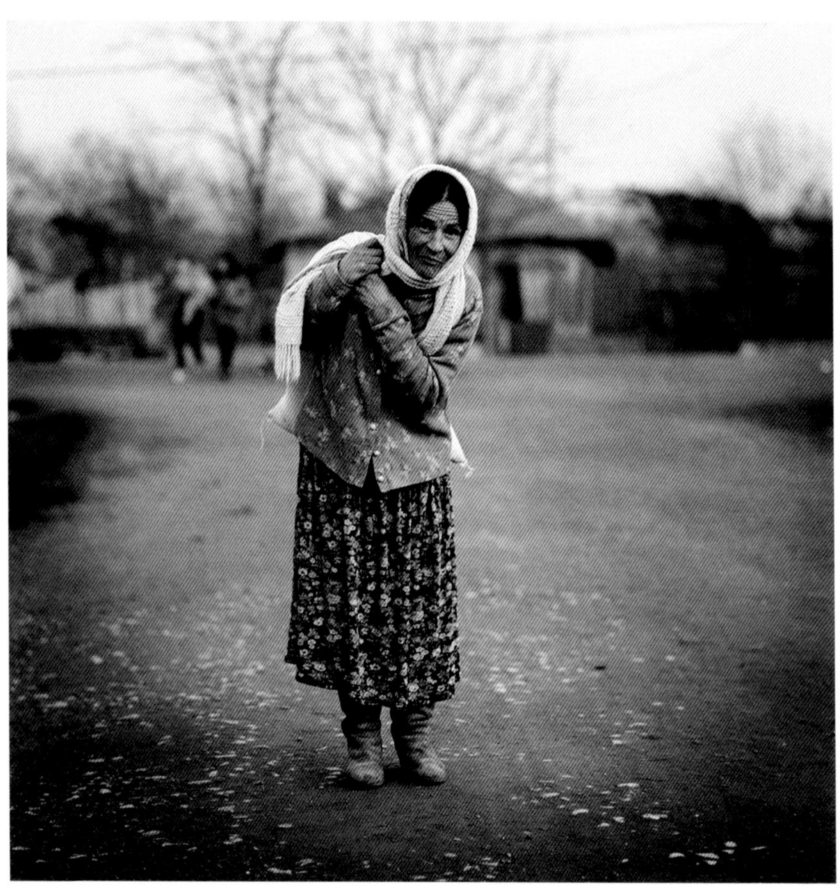

05. Rumanía, 2003

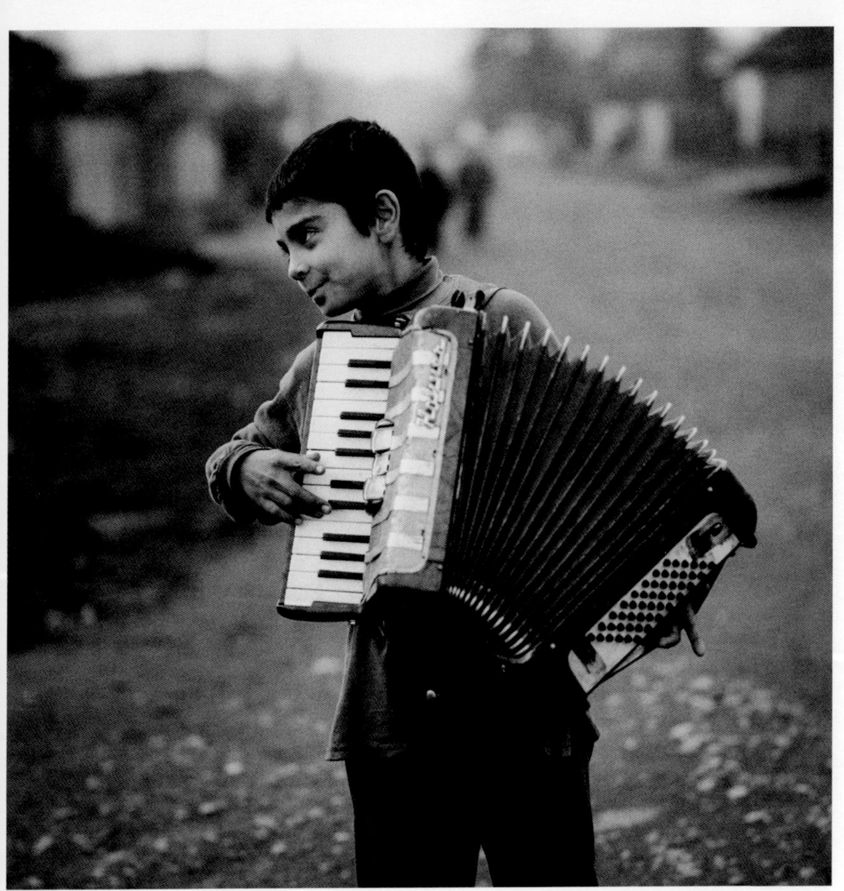

06. Rumanía, 2003

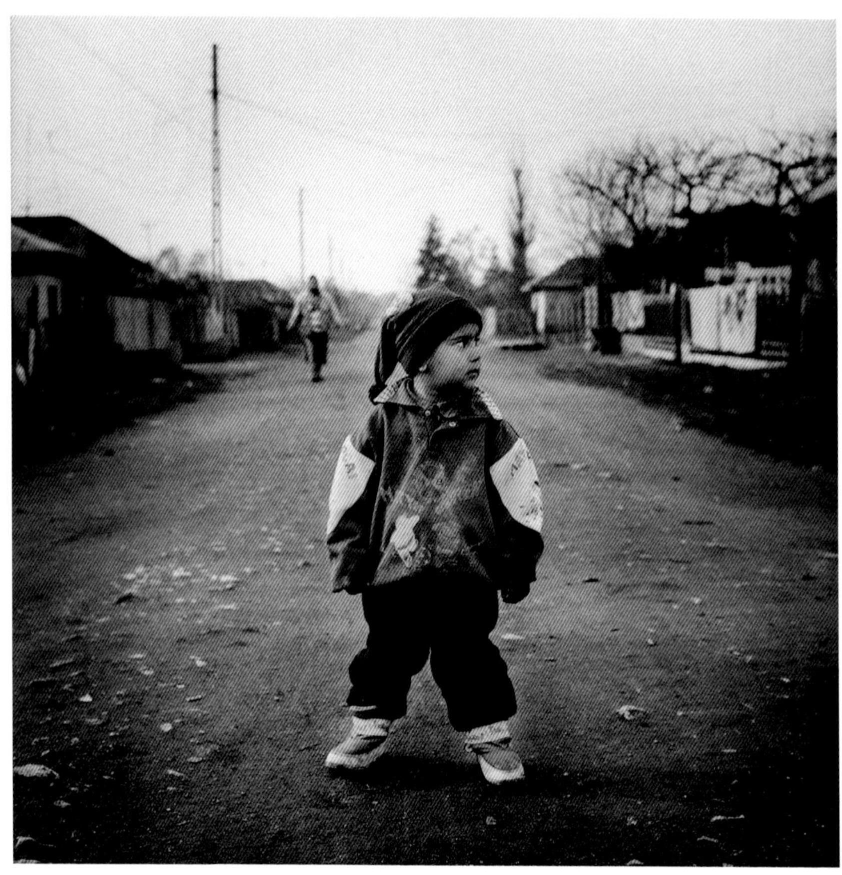

07. Rumanía, 2003

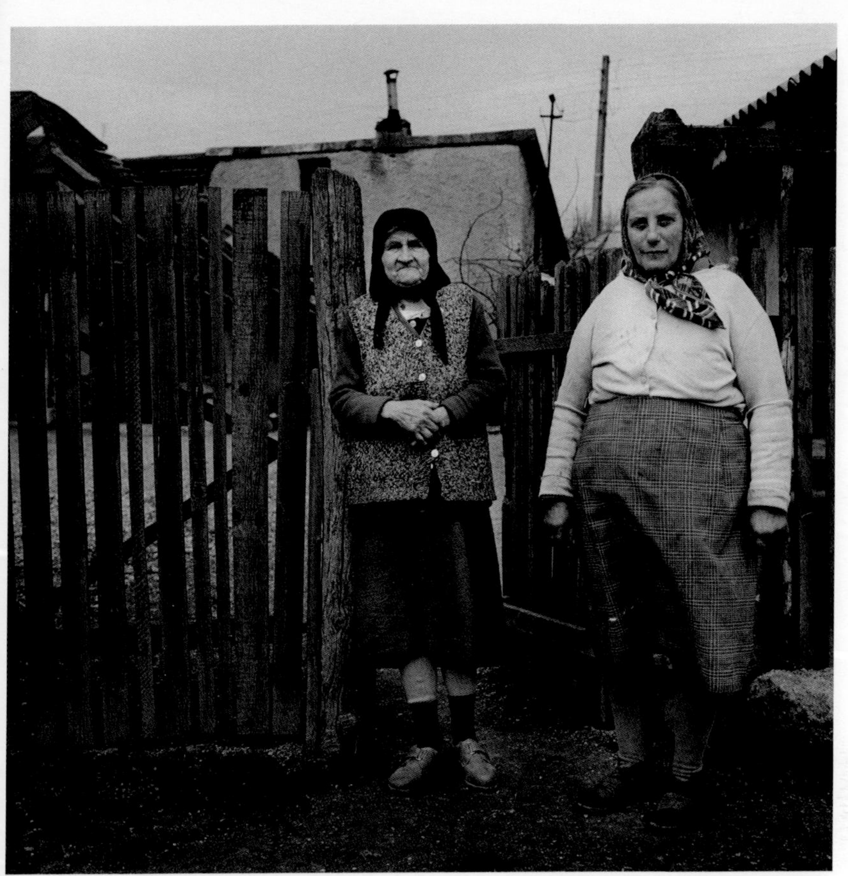

08. Rumanía, 2003

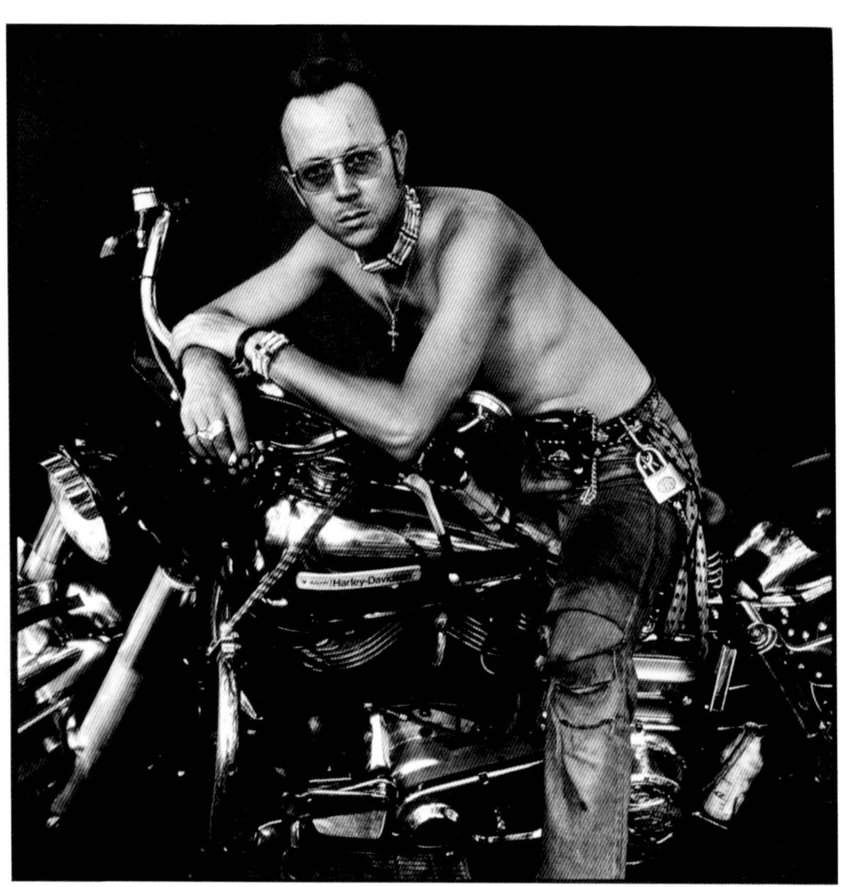

09. Hierro americano, Castellón, 1989

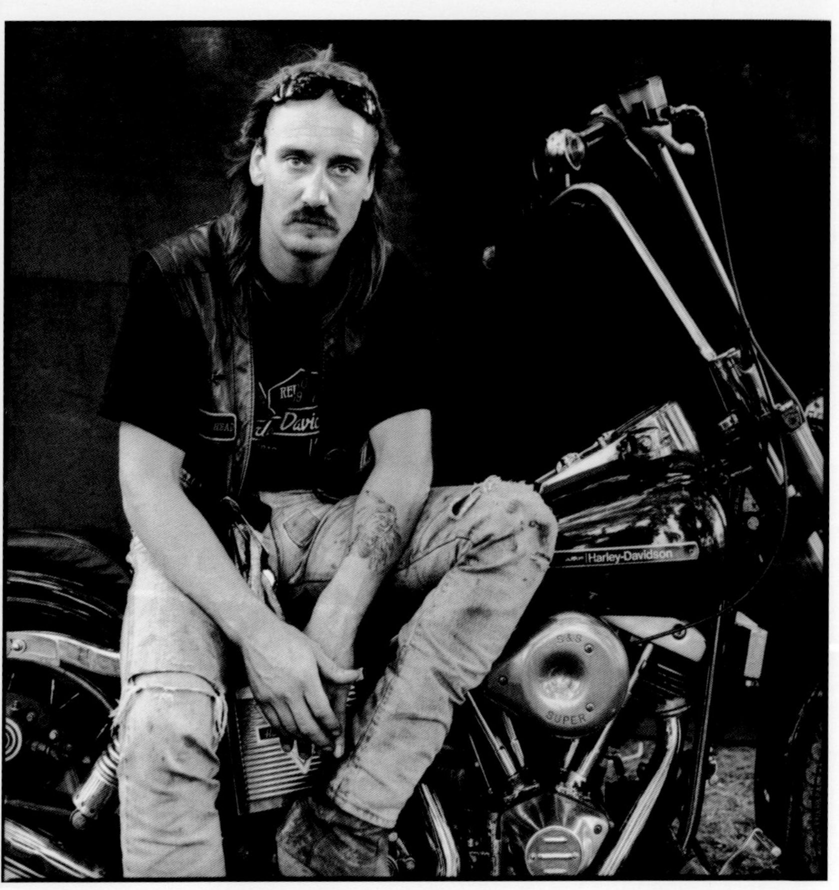

10. Hierro americano, Castellón, 1989

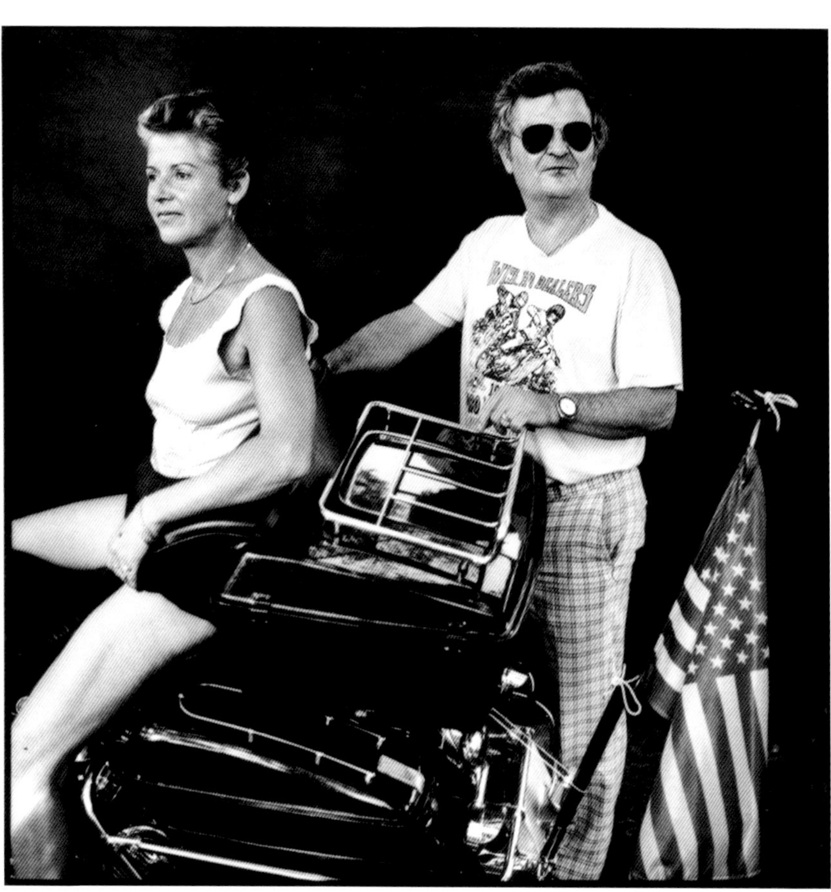

11. Hierro americano, Castellón, 1989

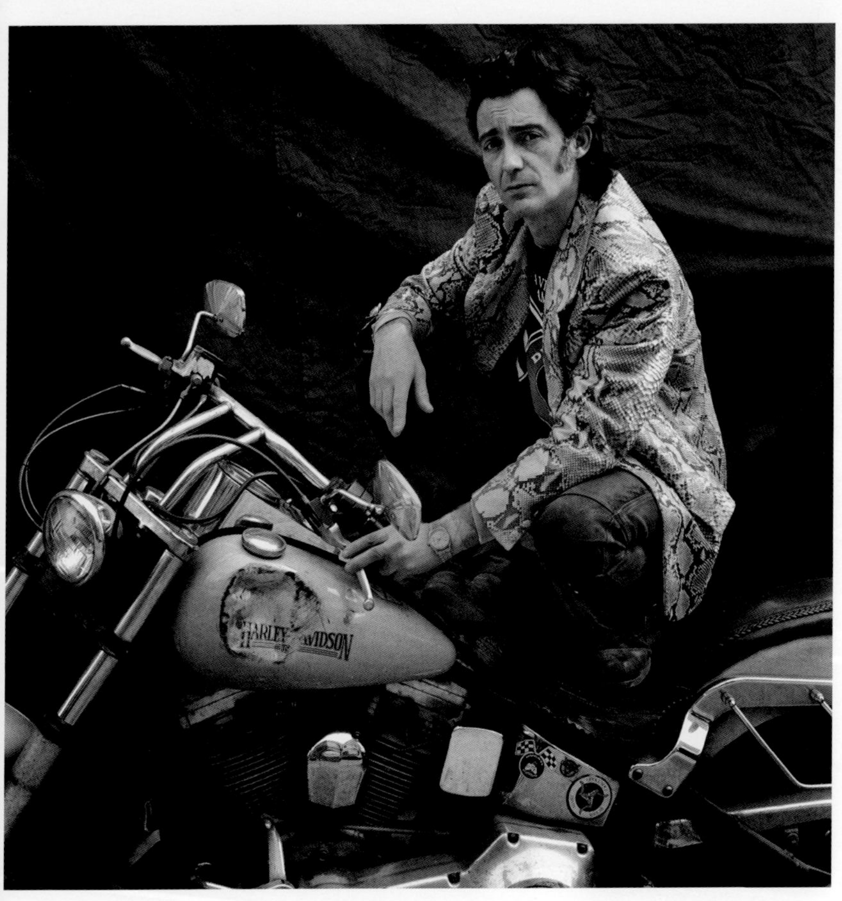

12. Hierro americano, Madrid, 1990

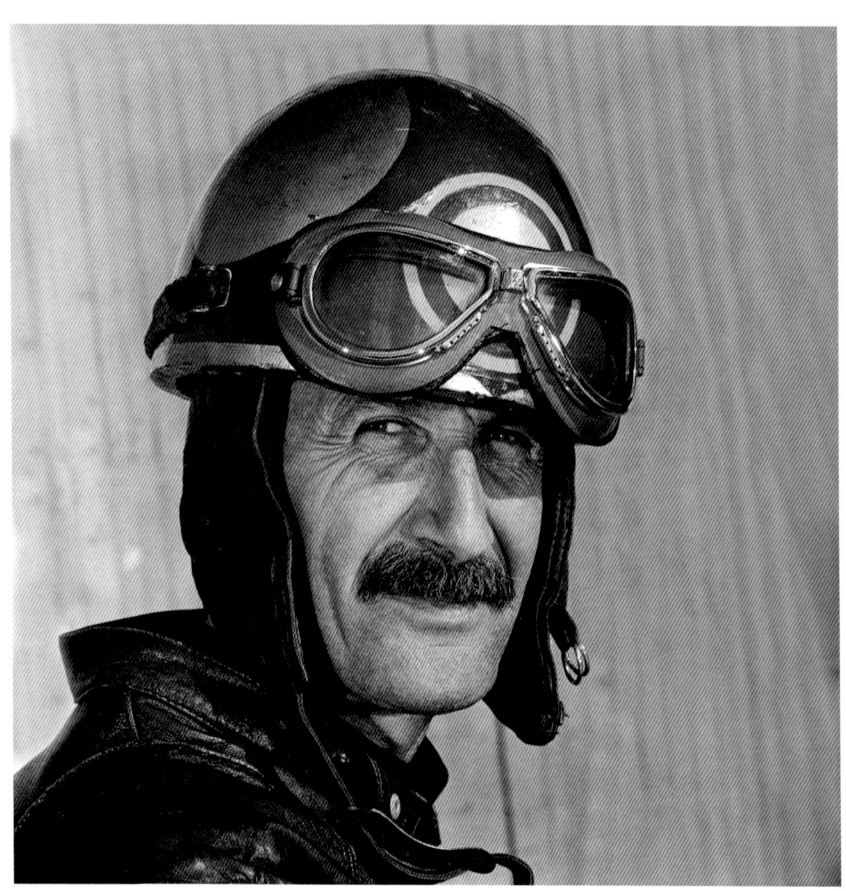

13. Classic racing, Denia, 2005

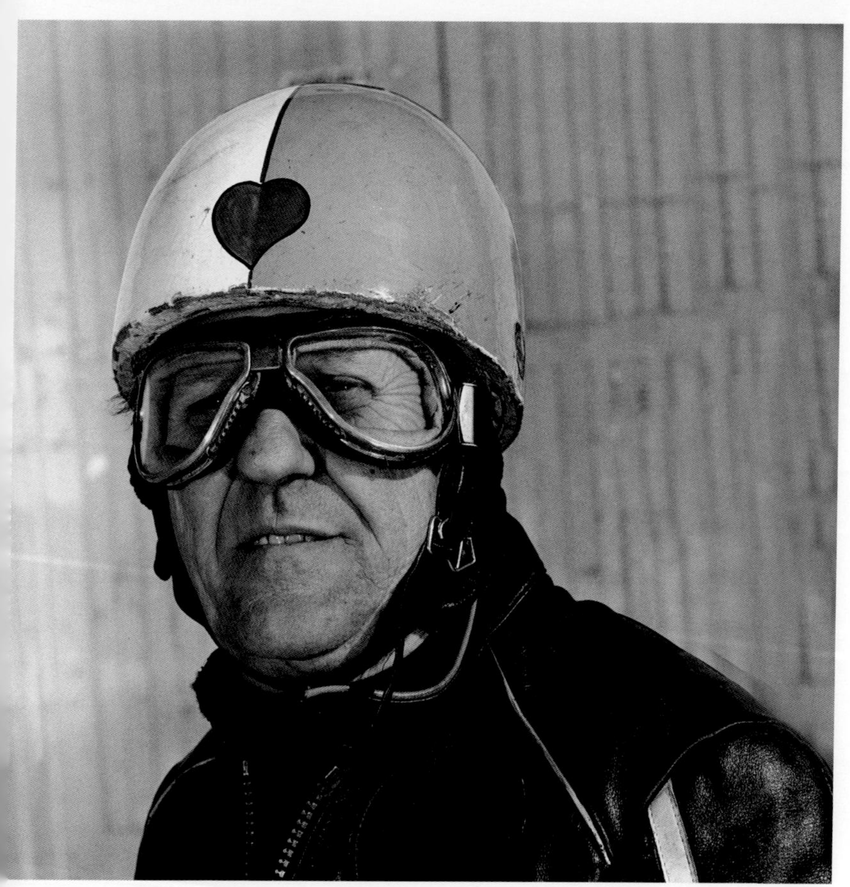

4. Classic racing, Denia, 2005

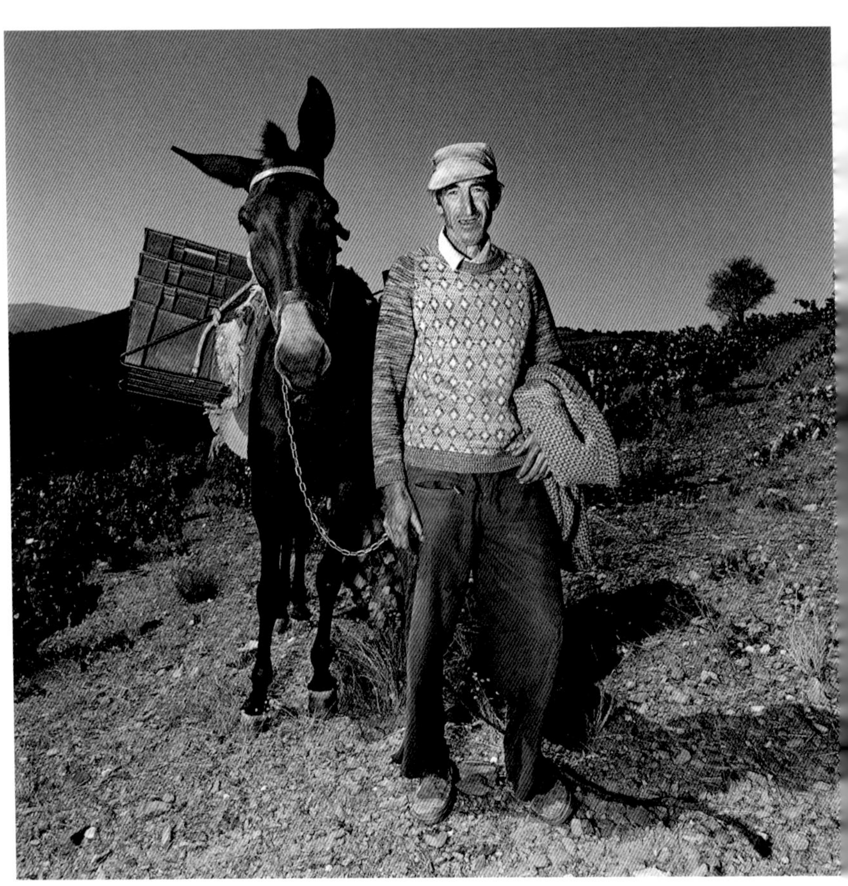

15. Vendimiadores, Cebreros, 2004

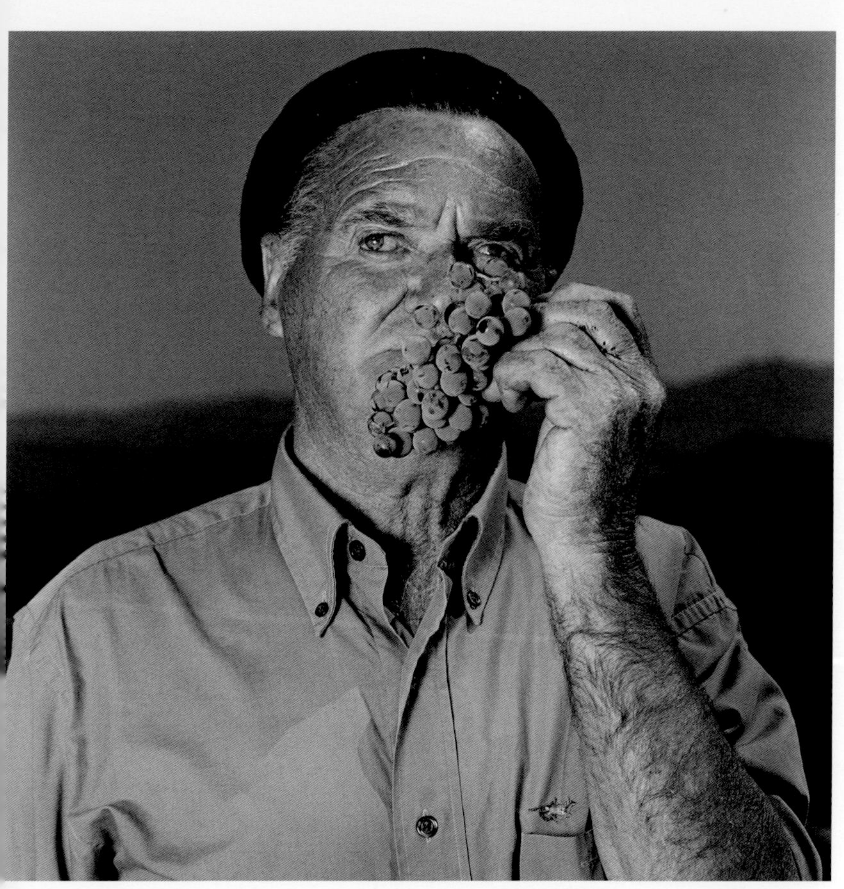

16. Vendimiadores, Cebreros, 2004

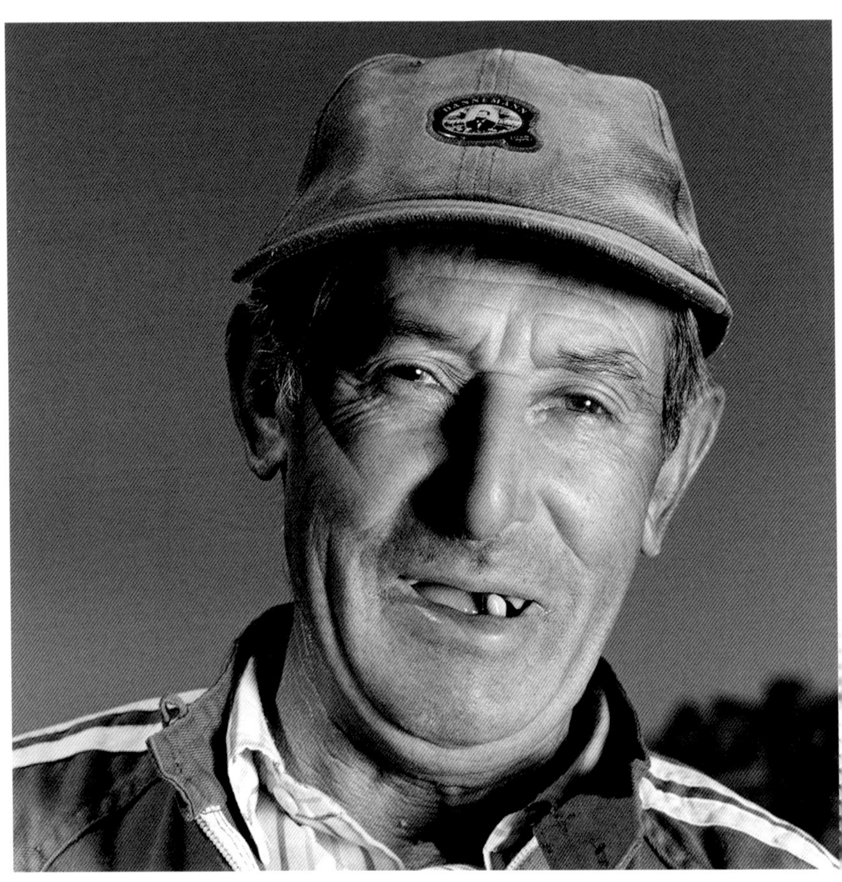

17. Vendimiadores, Cebreros, 2004

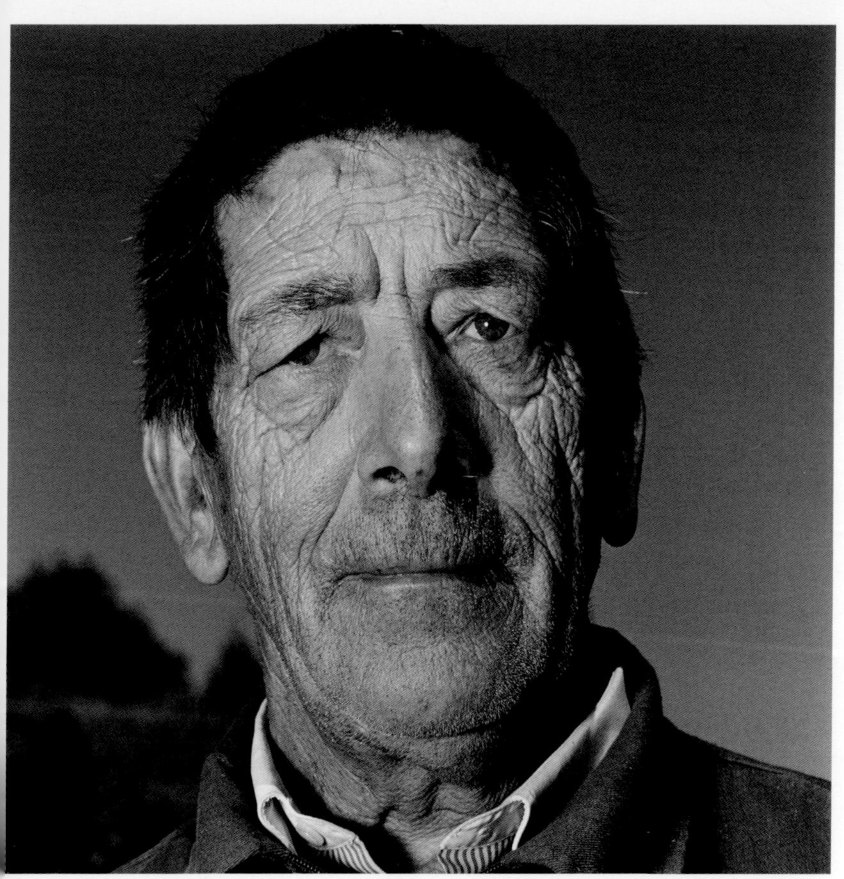

18. Vendimiadores, Cebreros, 2004

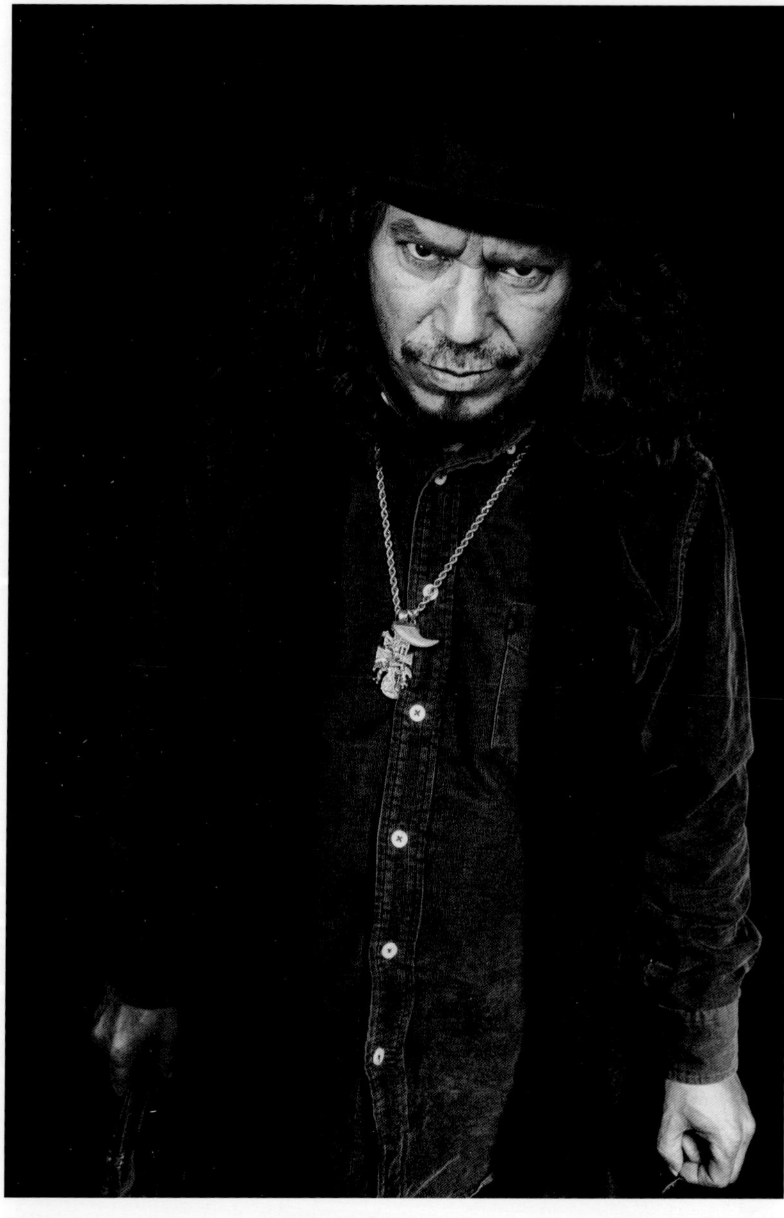

19. Raimundo Amador, 2010

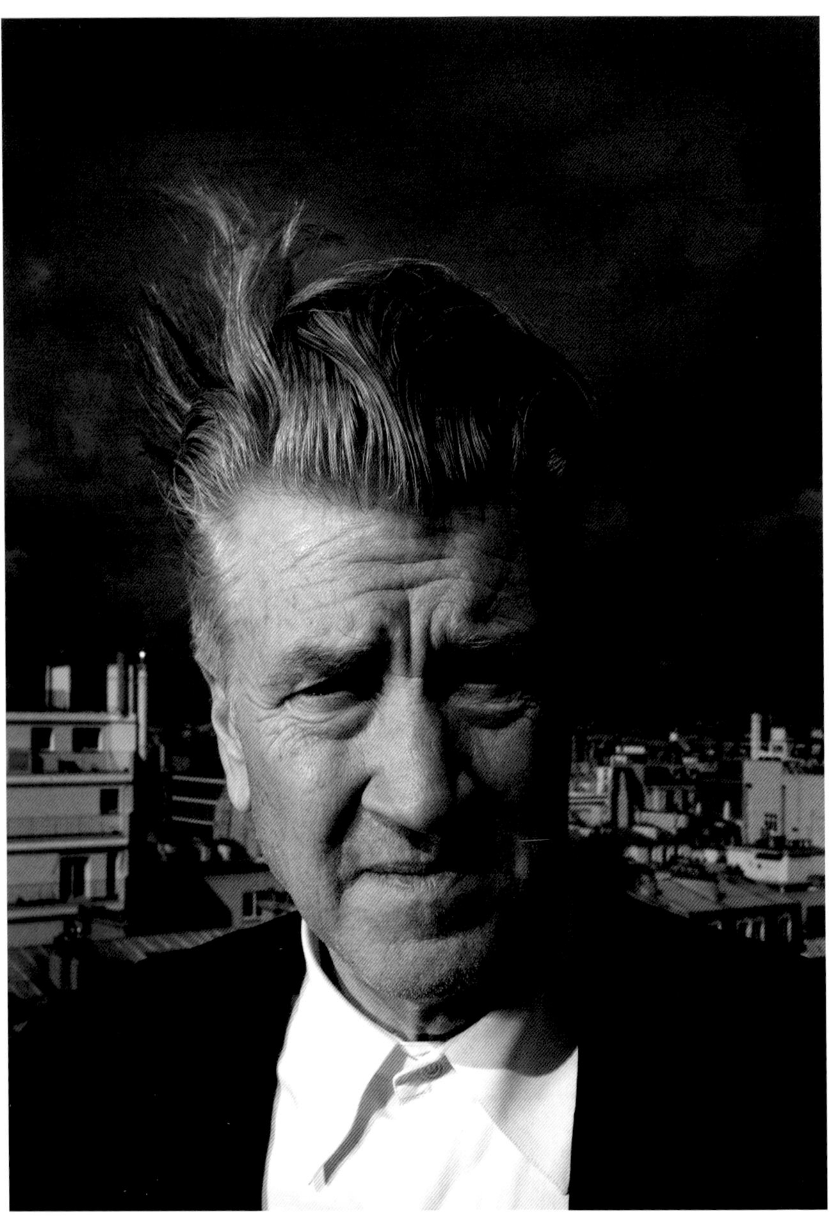

20. David Lynch, Paris, 2008

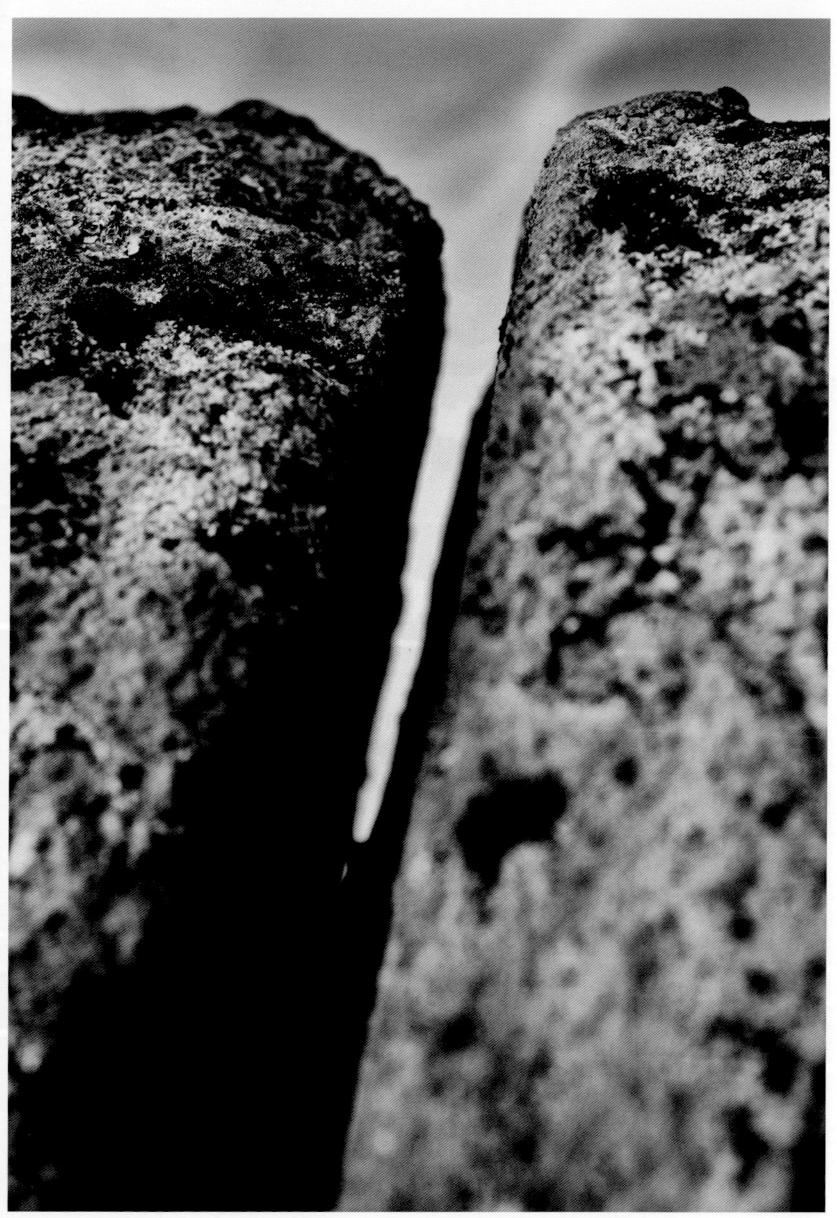

21. El Escorial, 2011

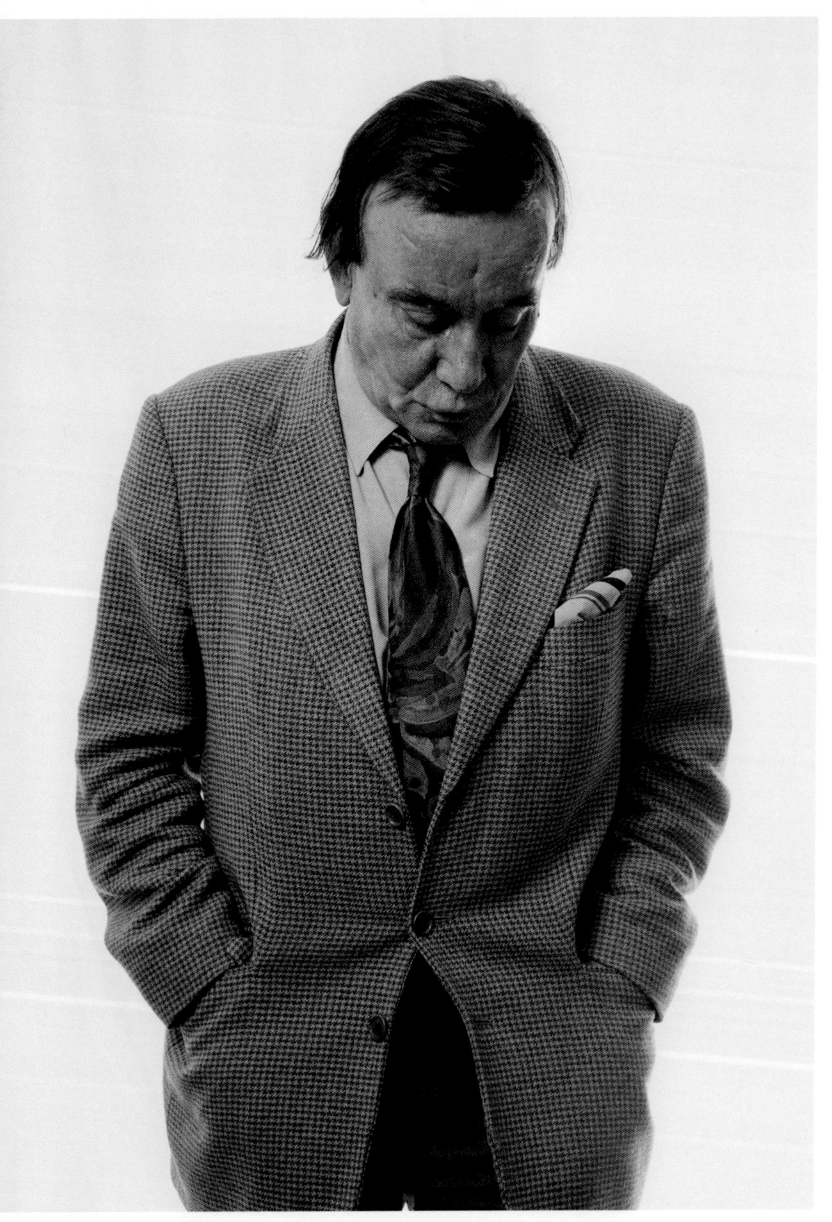

22. Feliciano Fidalgo, Madrid, 1995

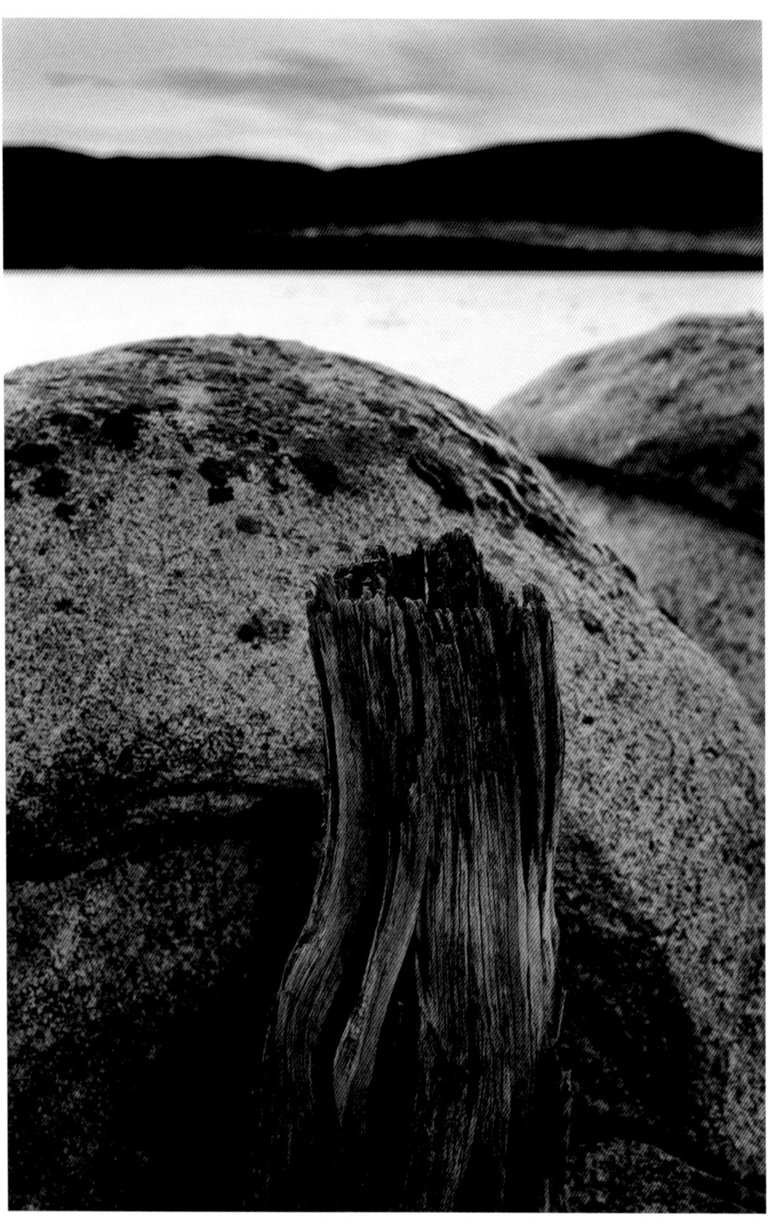

23. Envalse Valmayor, 2011

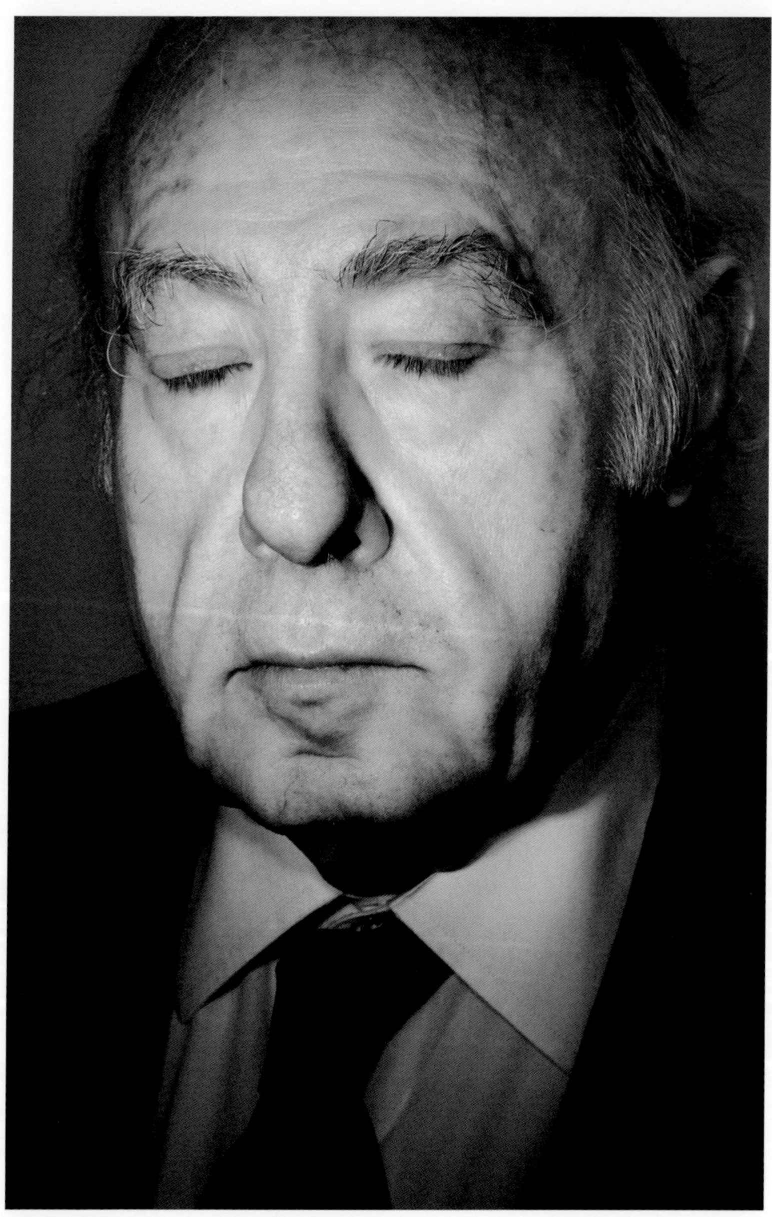

24. Eduardo Arroyo, 2012

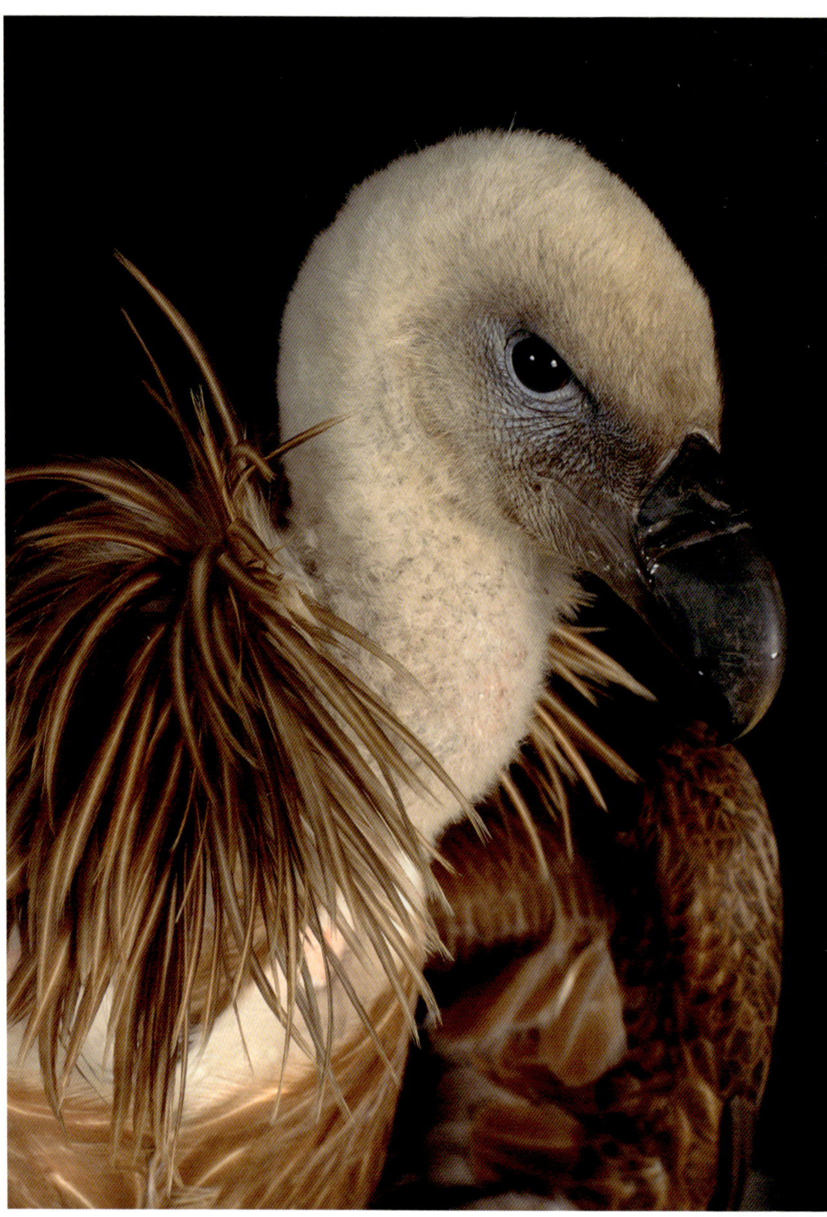

25. Rapaces, buitre leonado, 1995

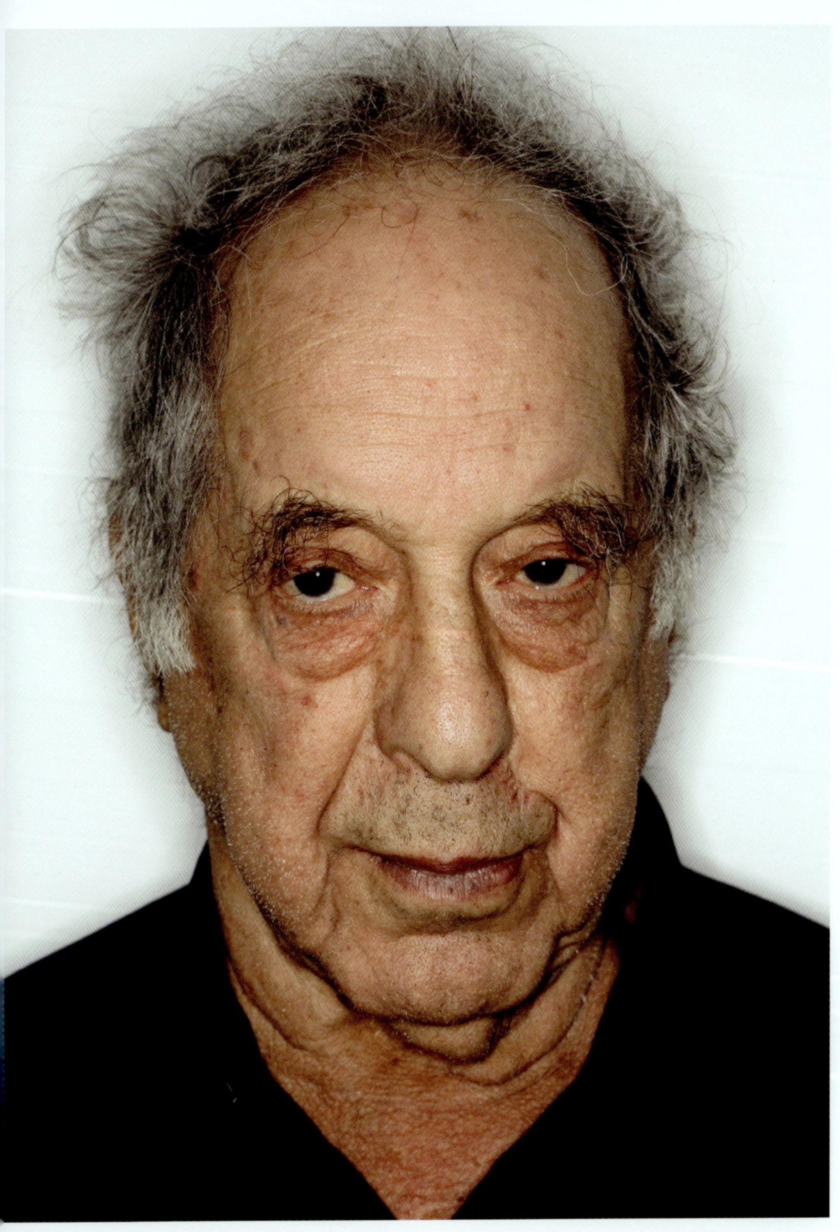

26. Robert Frank, 2007

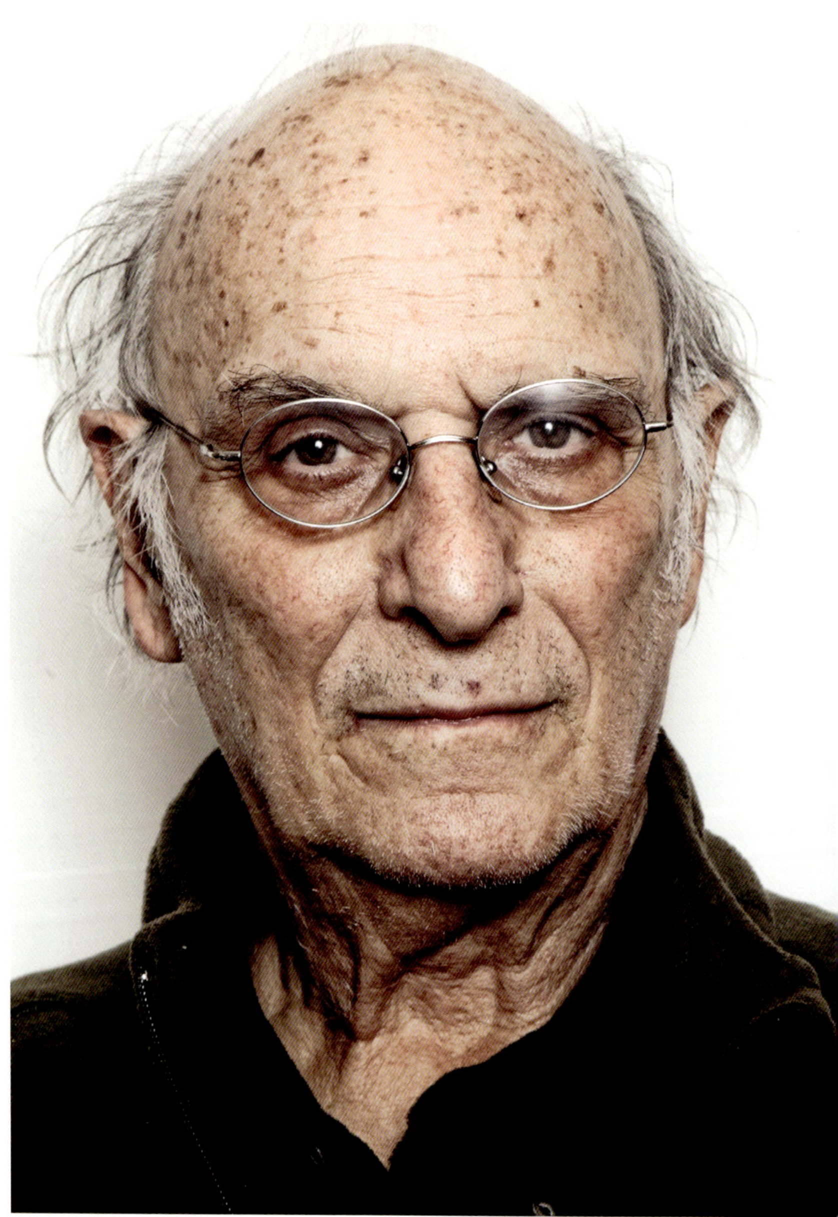

27. Carlos Saura, Madrid, 2011

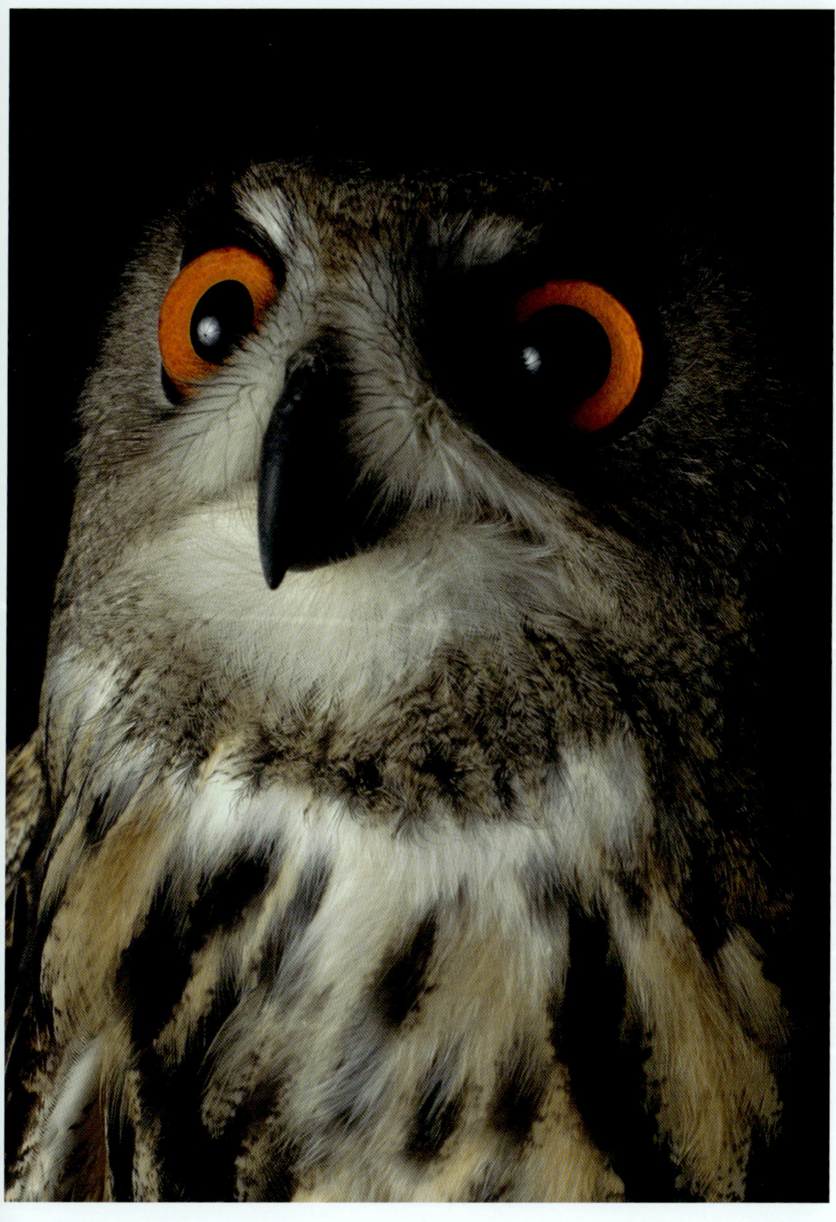

28. Rapaces, búho real, 1995

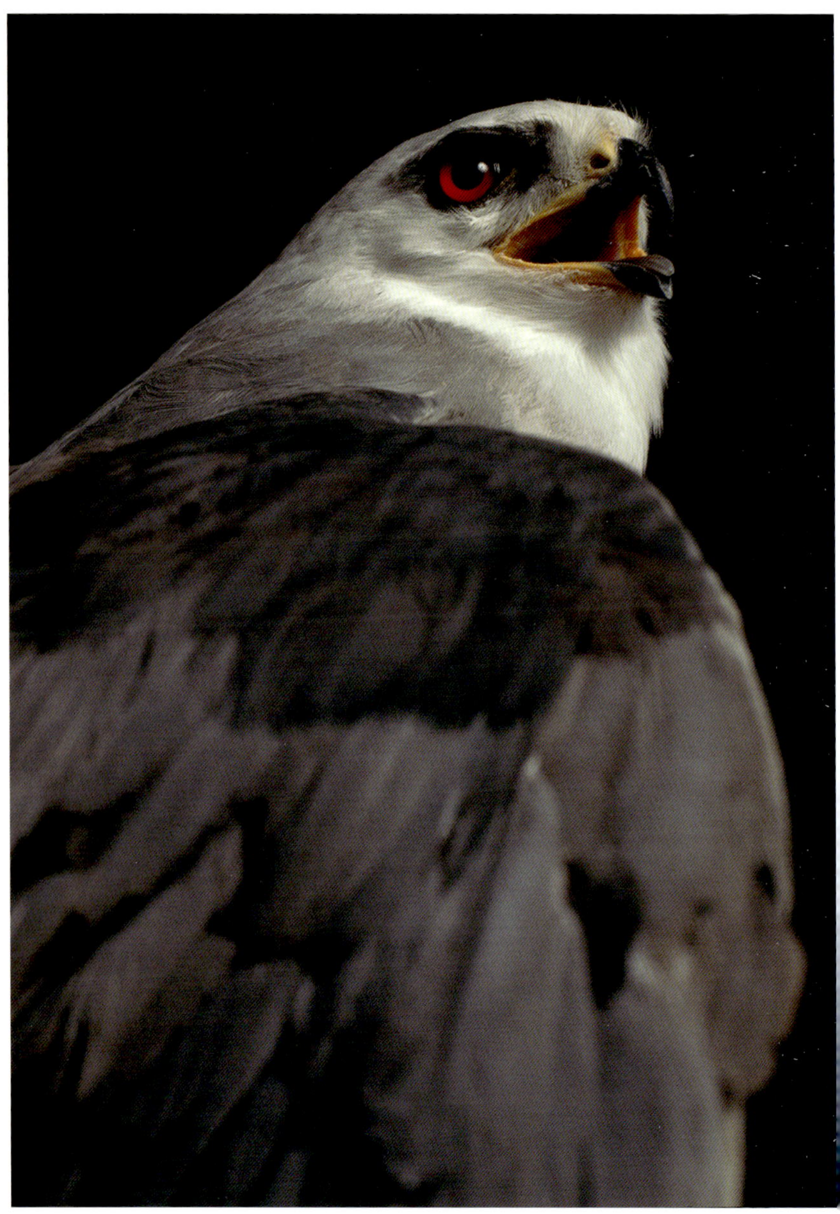

29. Rapaces, elanio azul, 1995

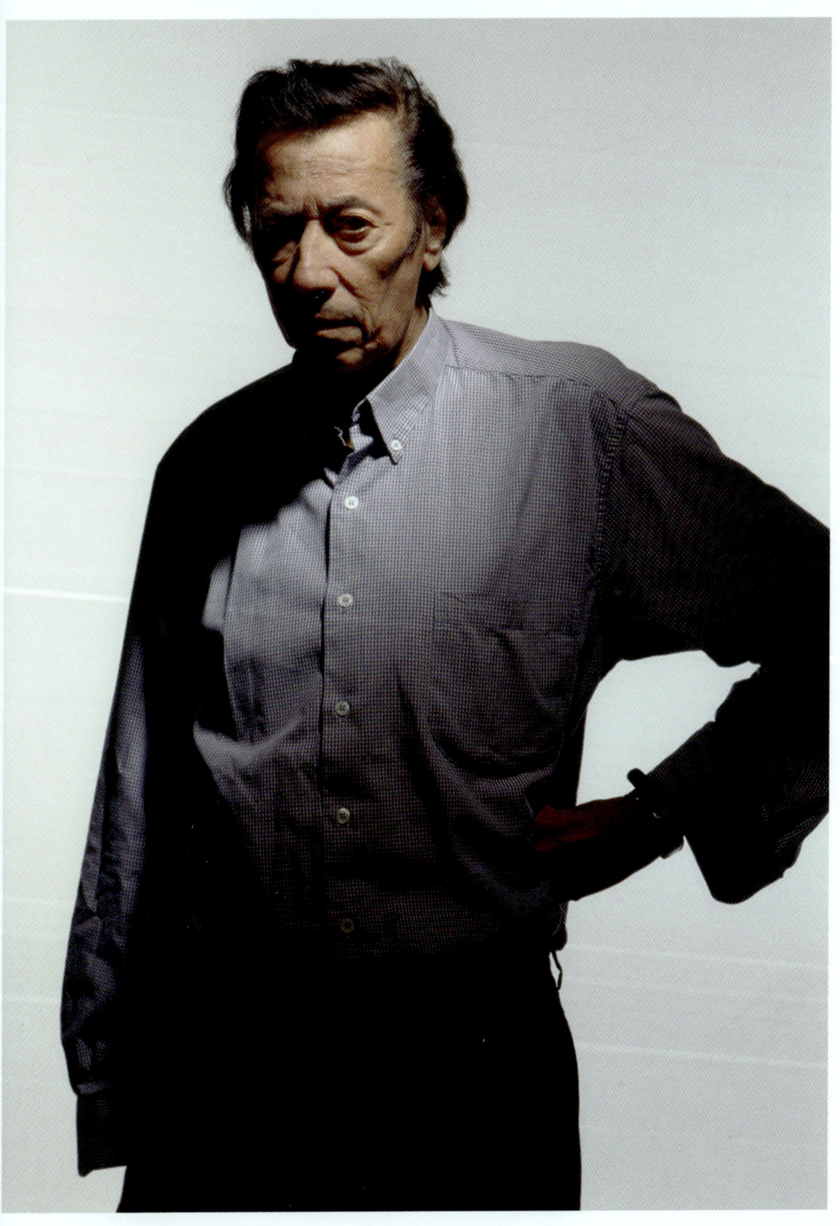

30. El Bambino, Madrid, 1999

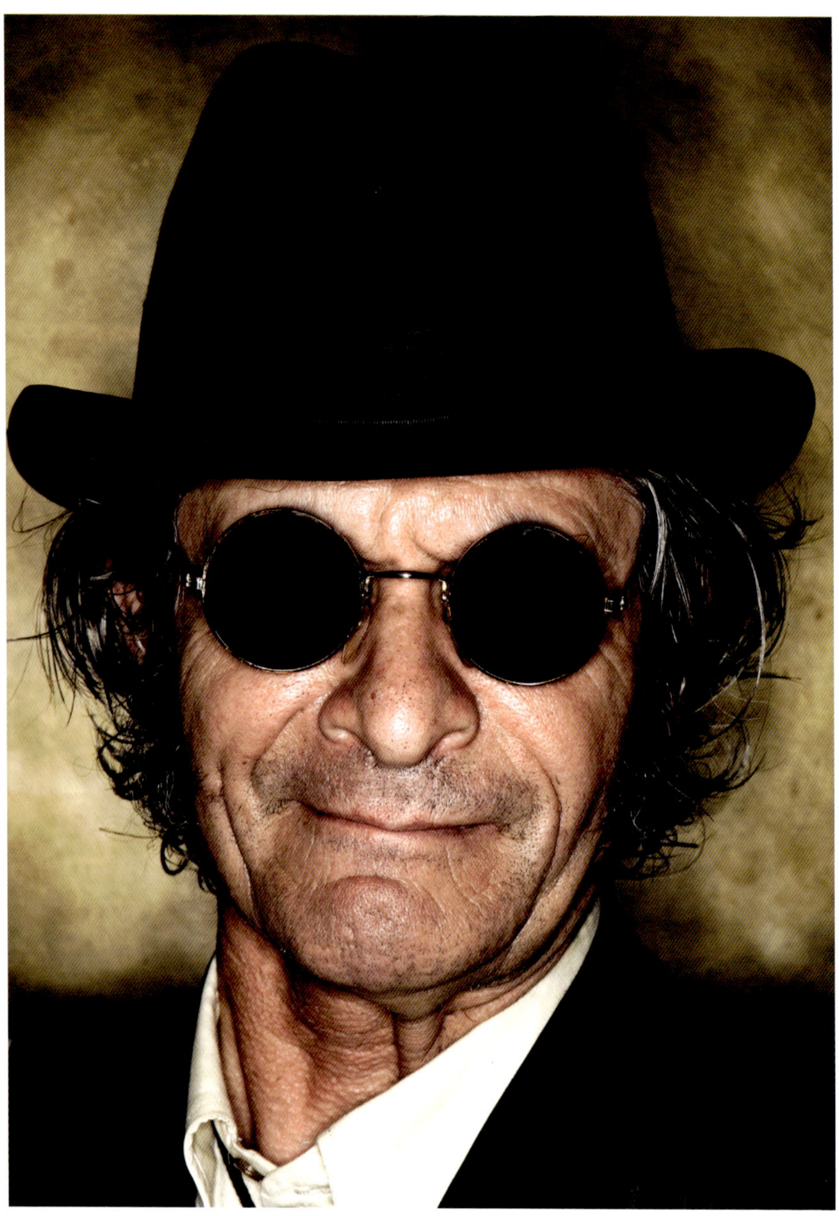

31. Las noches bárbaras, Madrid, 2009

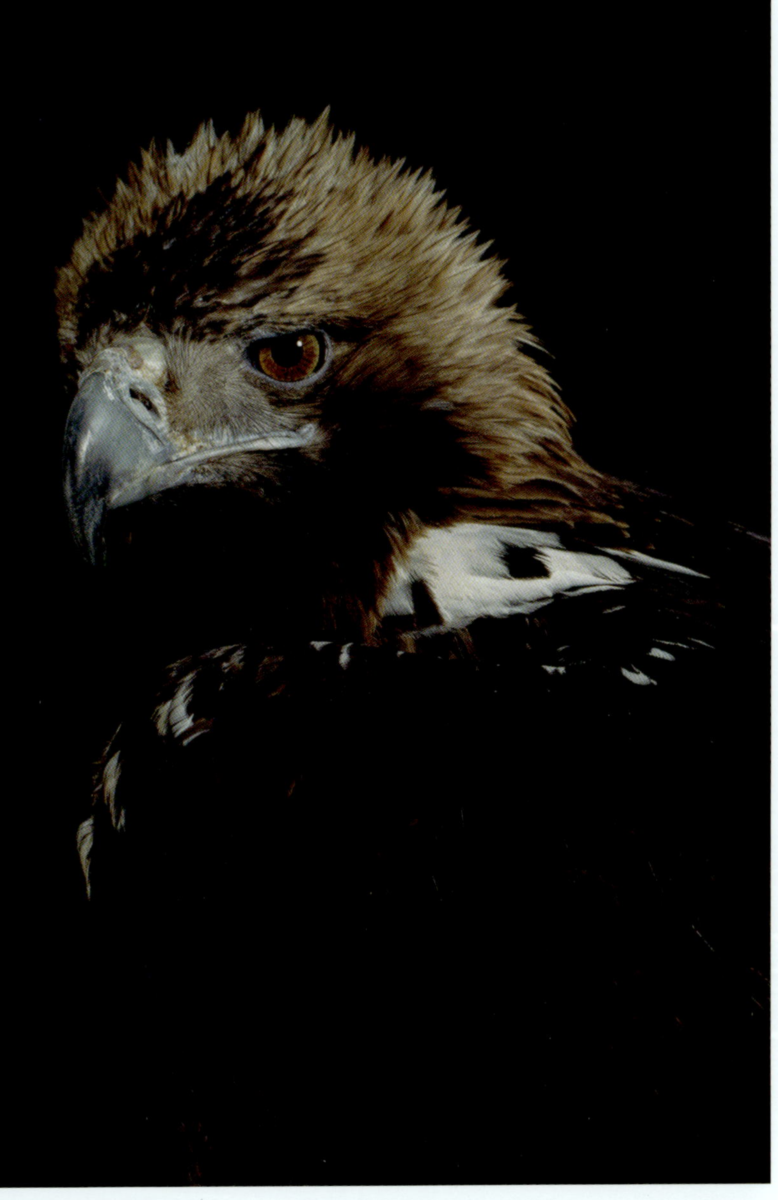

32. Rapaces, águila imperial ibérica, 1995

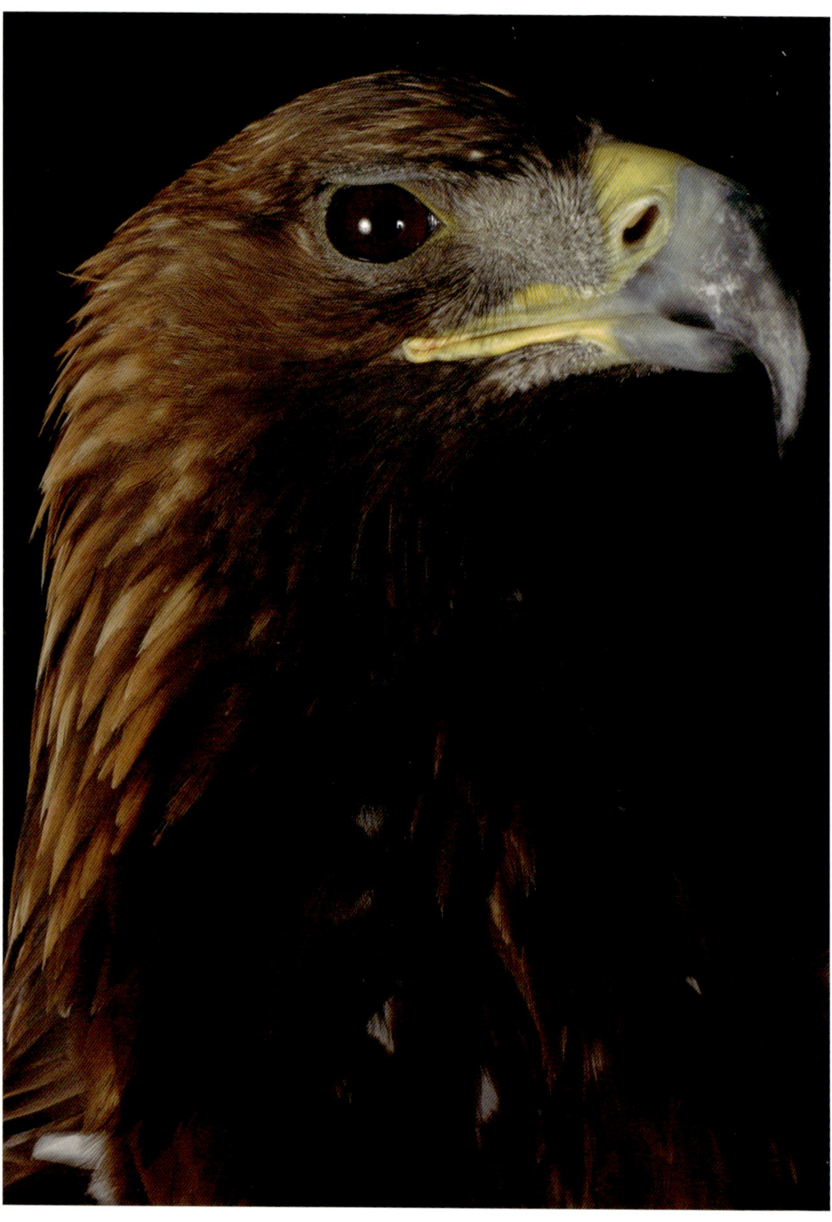

33. Rapaces, águila real, 1995

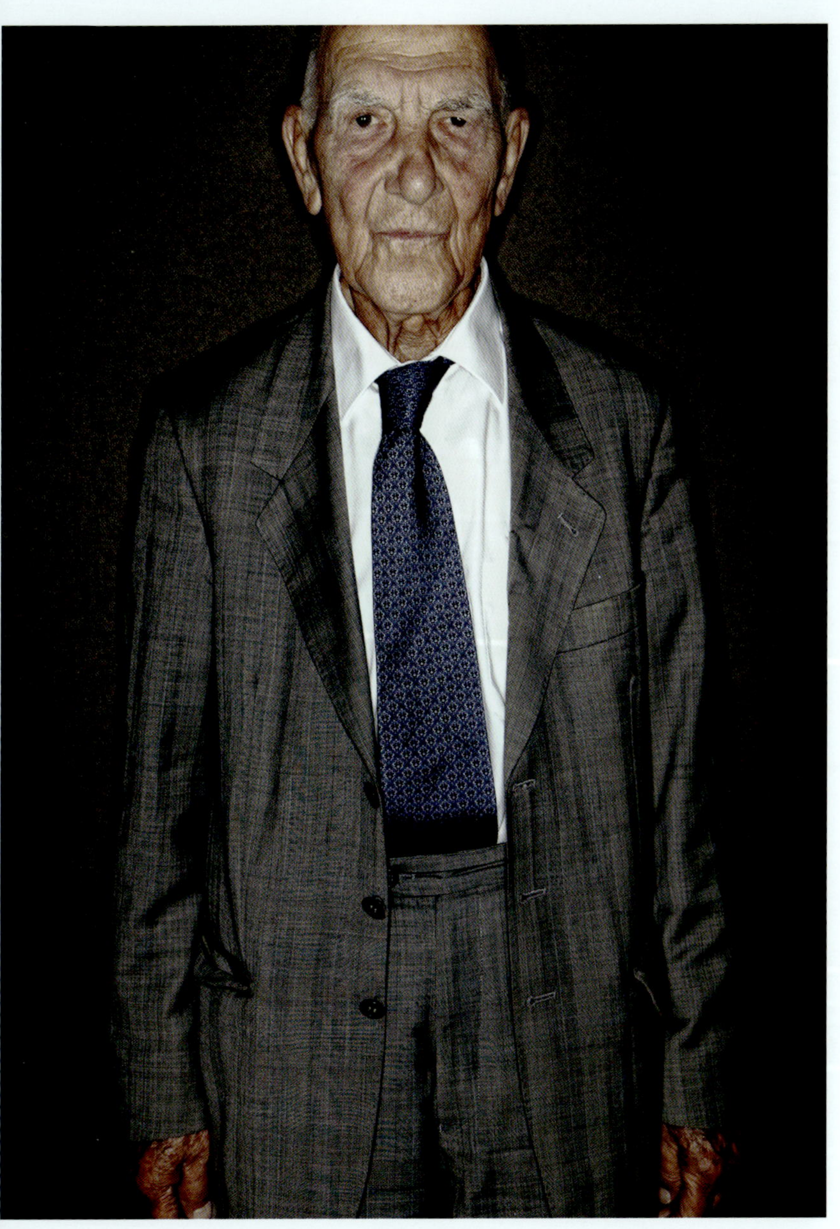

34. Stephane Hessel, Madrid, 2011

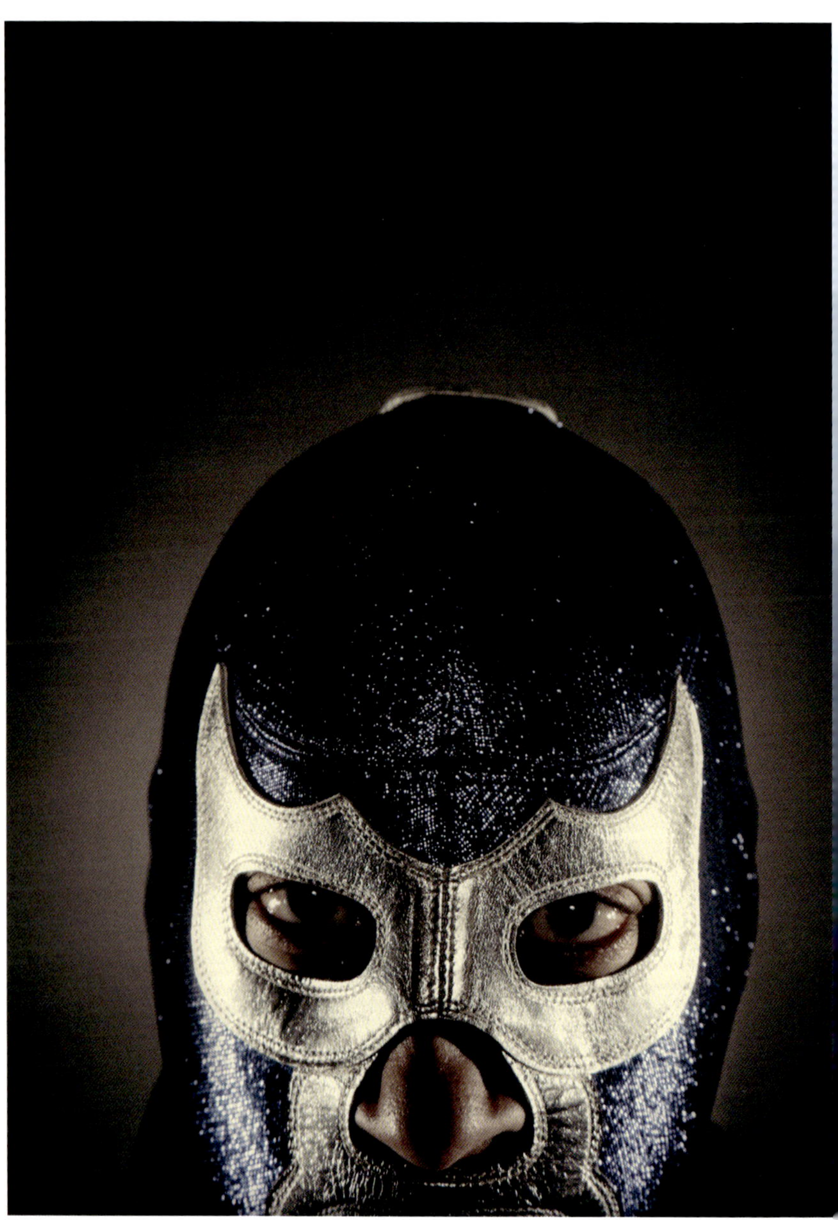

35. Blue Demon Jr, Madrid, 2008

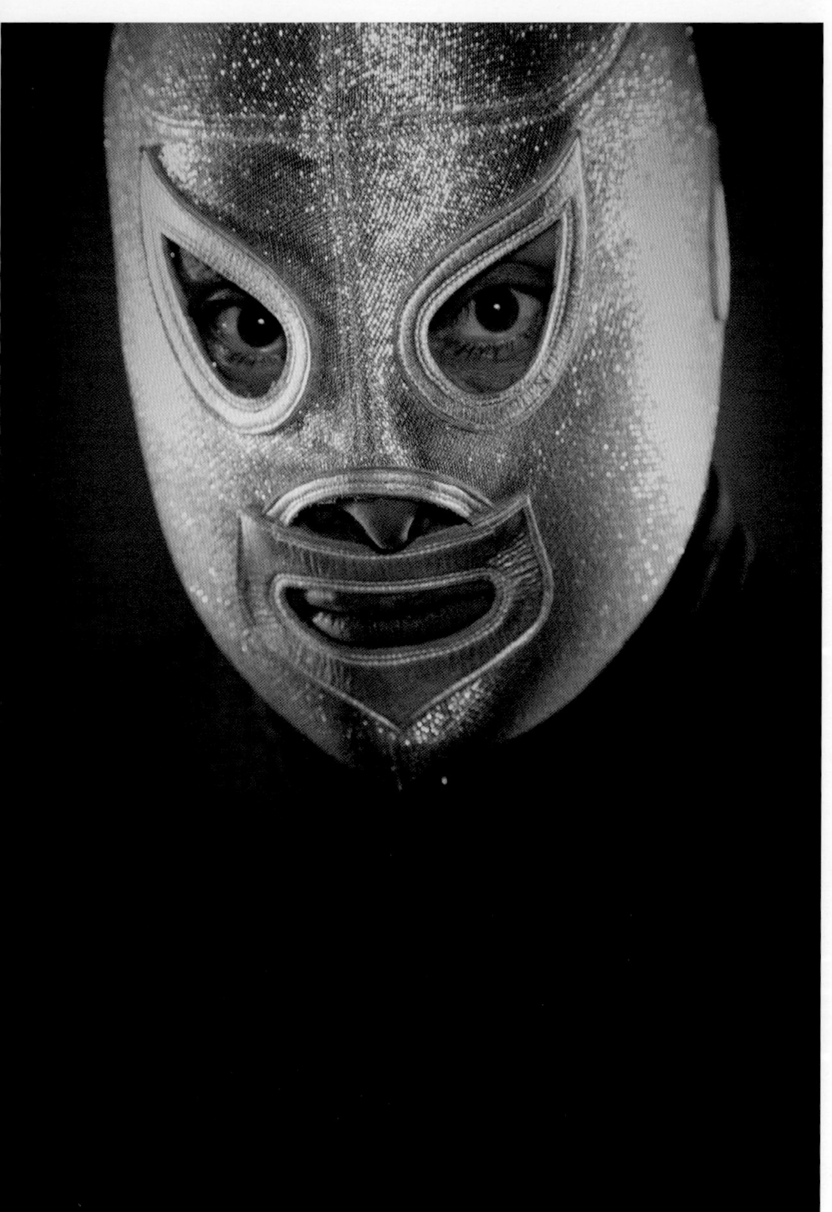

36. El hijo de El Santo, Madrid, 2008

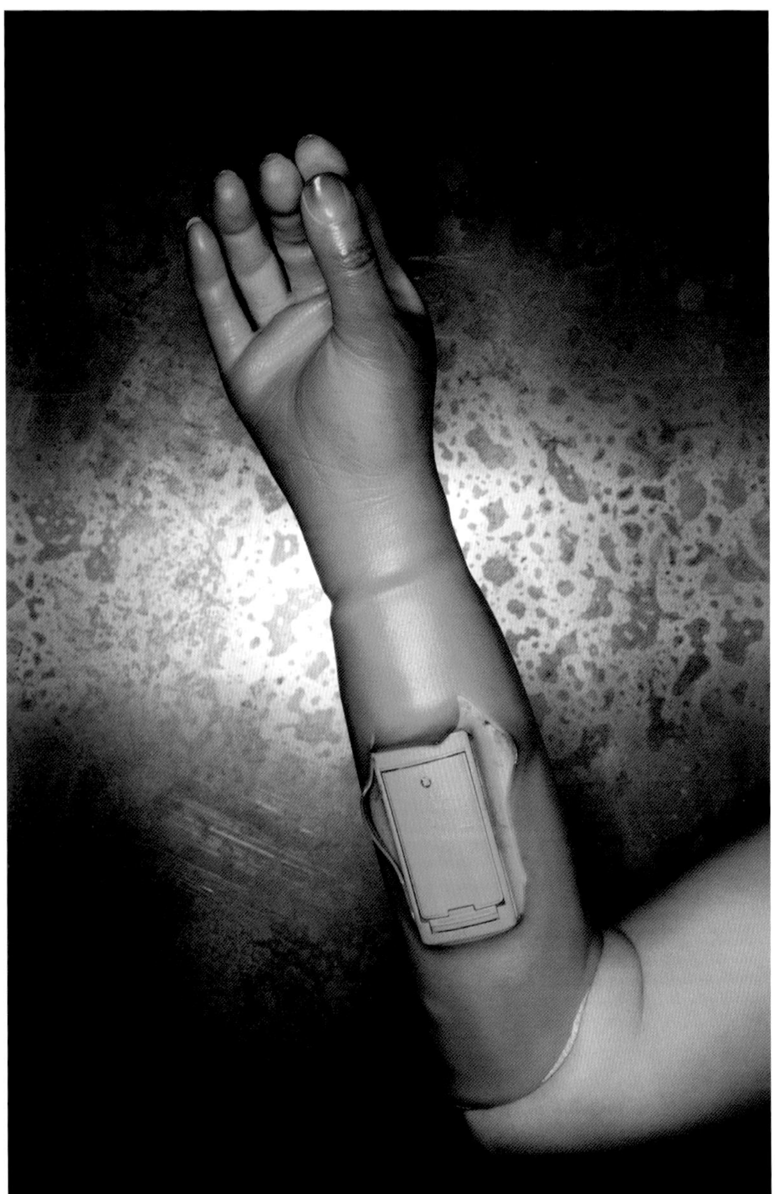

37. PHE, Madrid, 2008

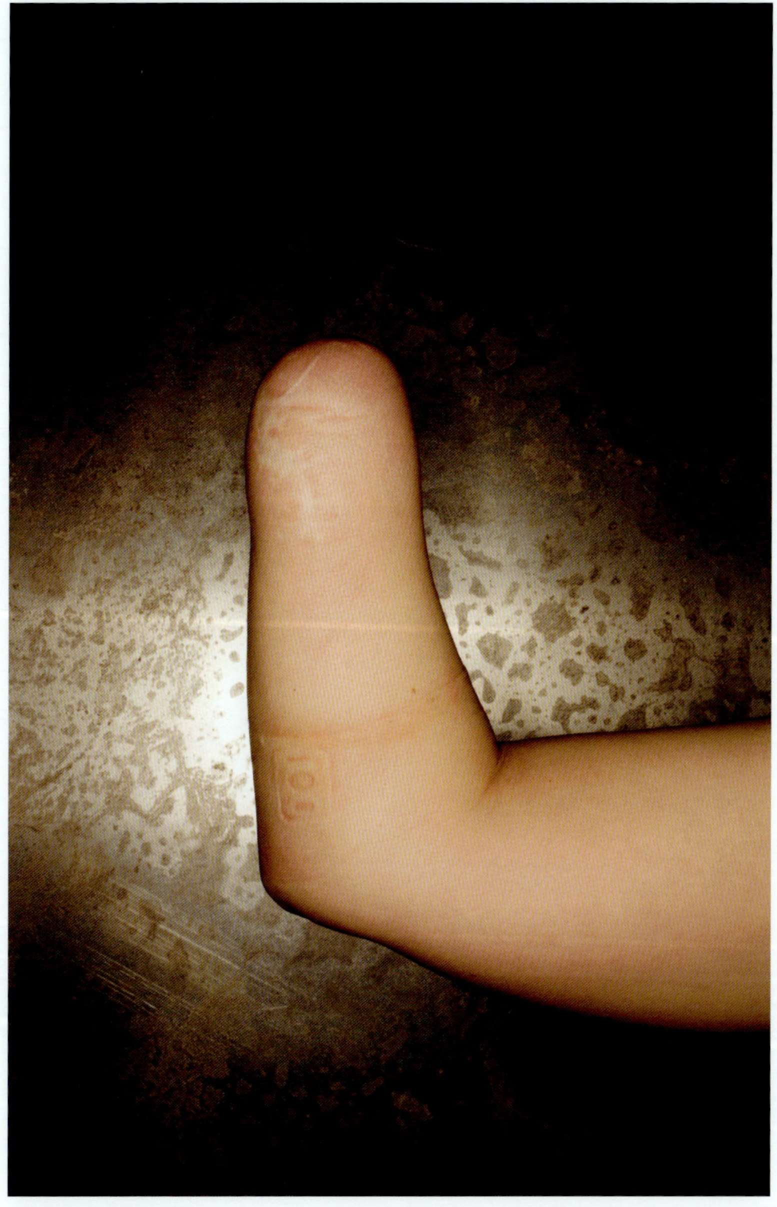

38. PHE, Madrid, 2008

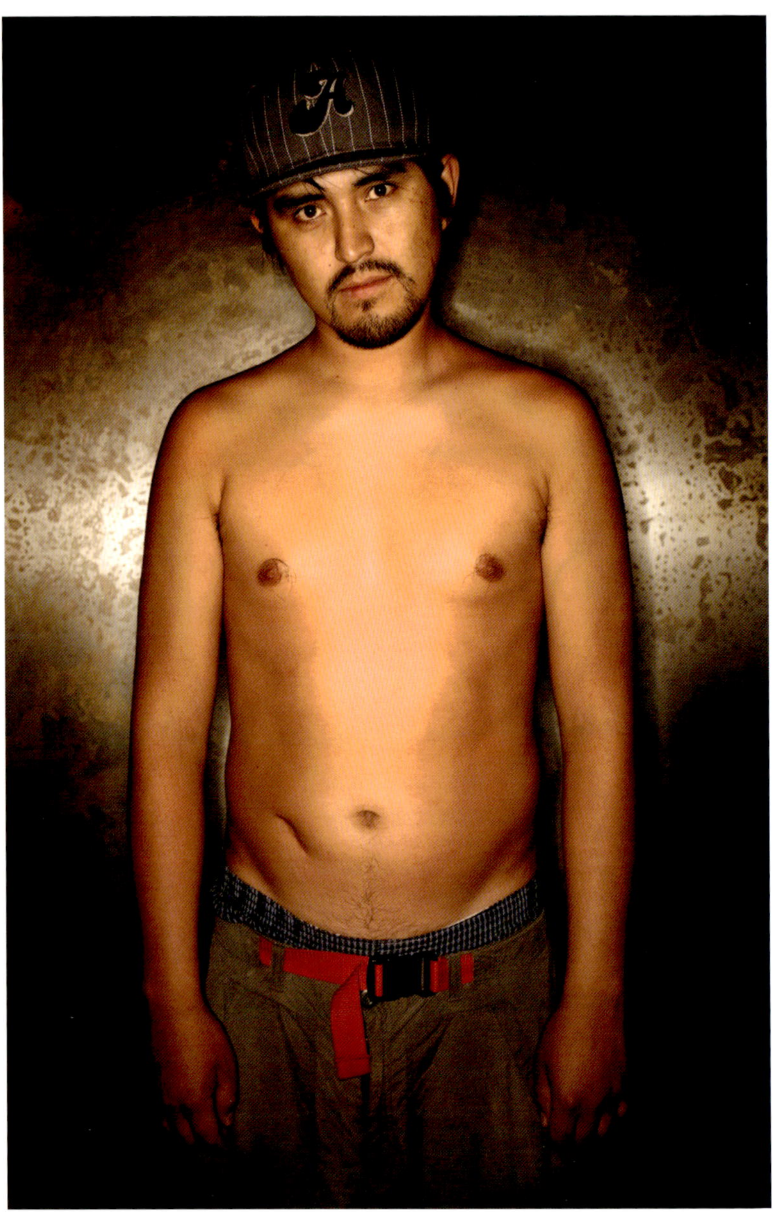

39. PHE, Madrid, 2008

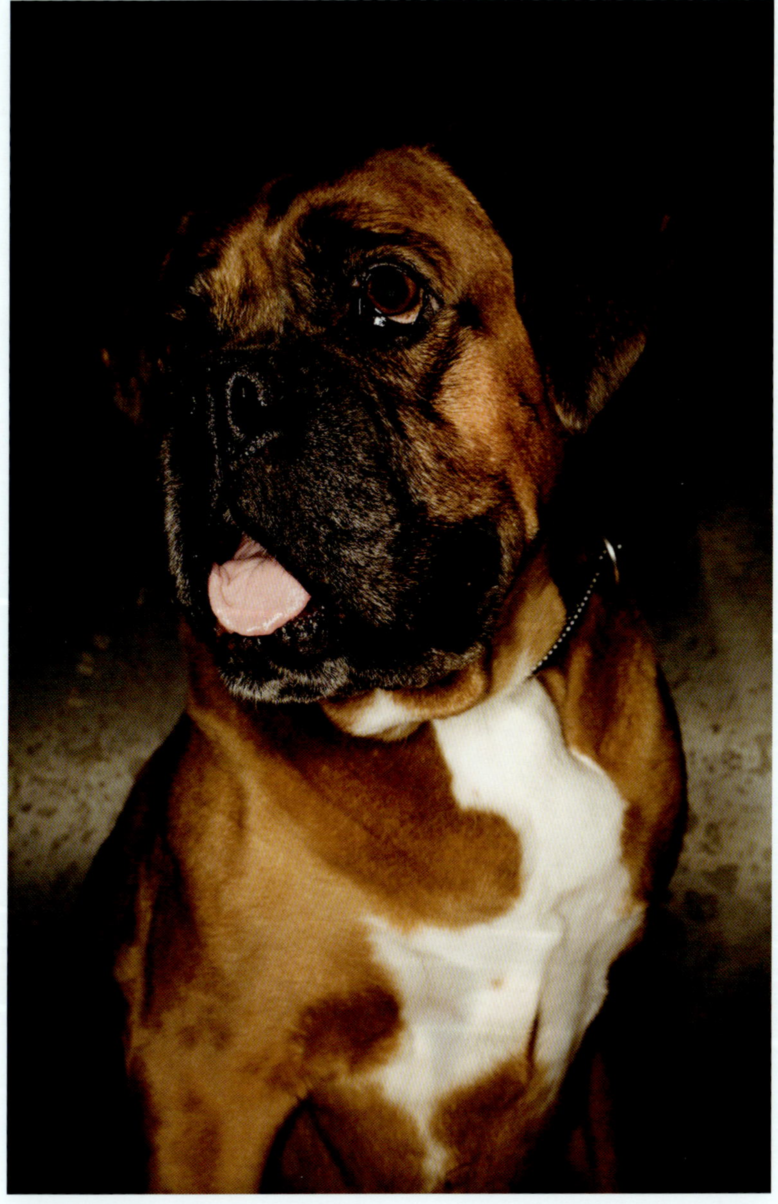

40. PHE, Madrid, 2008

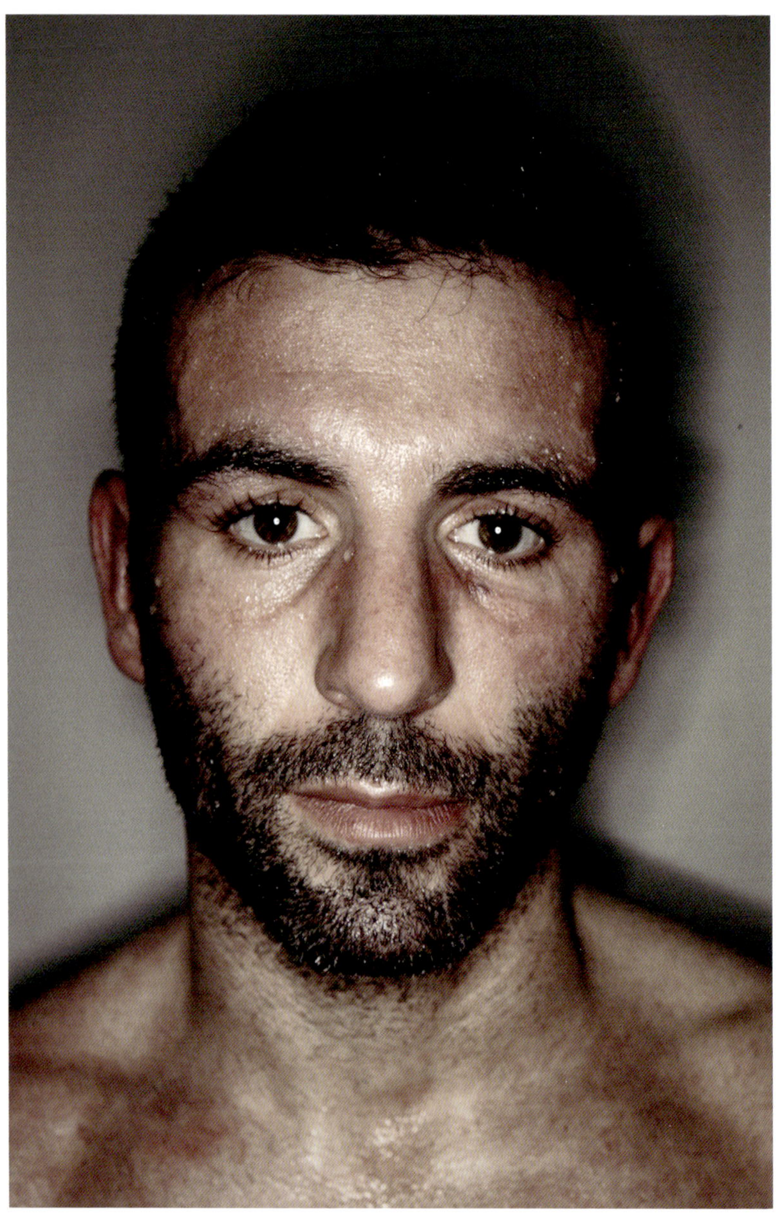

41. Boxeadores, Madrid, 2012

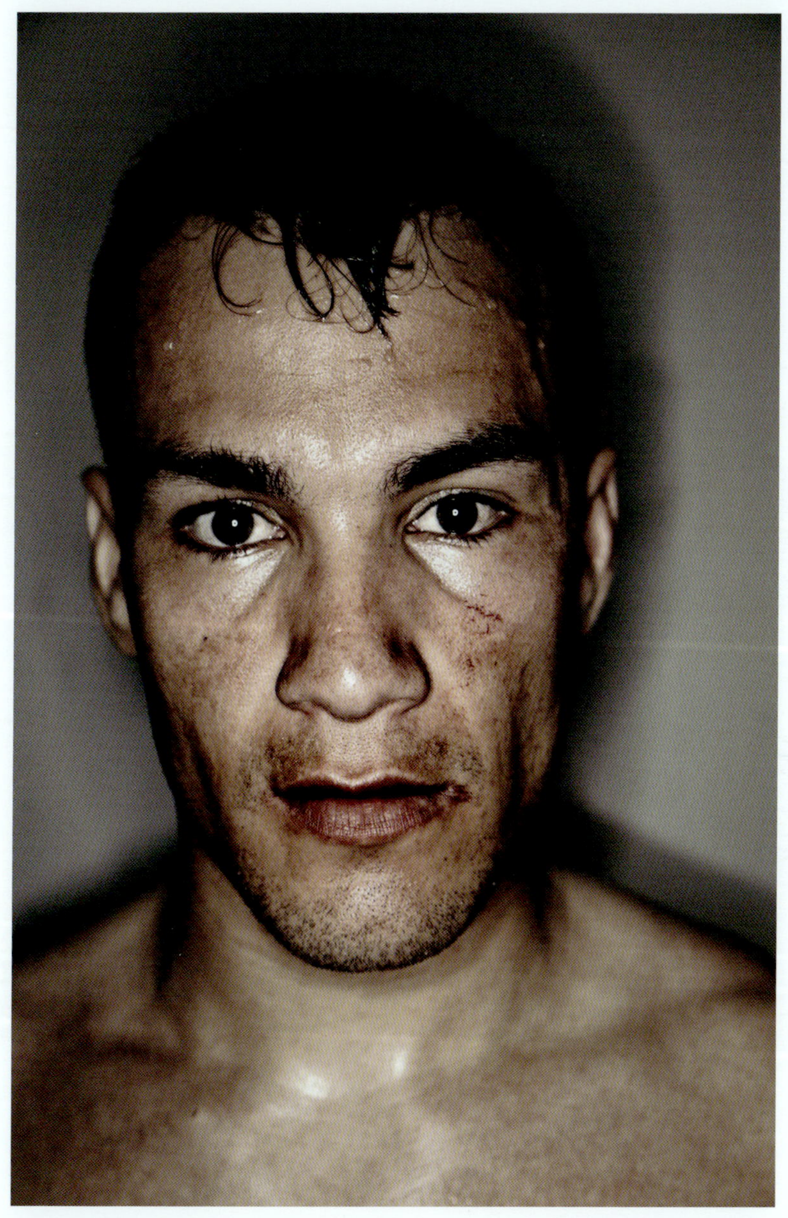

42. Boxeadores, Madrid, 2012

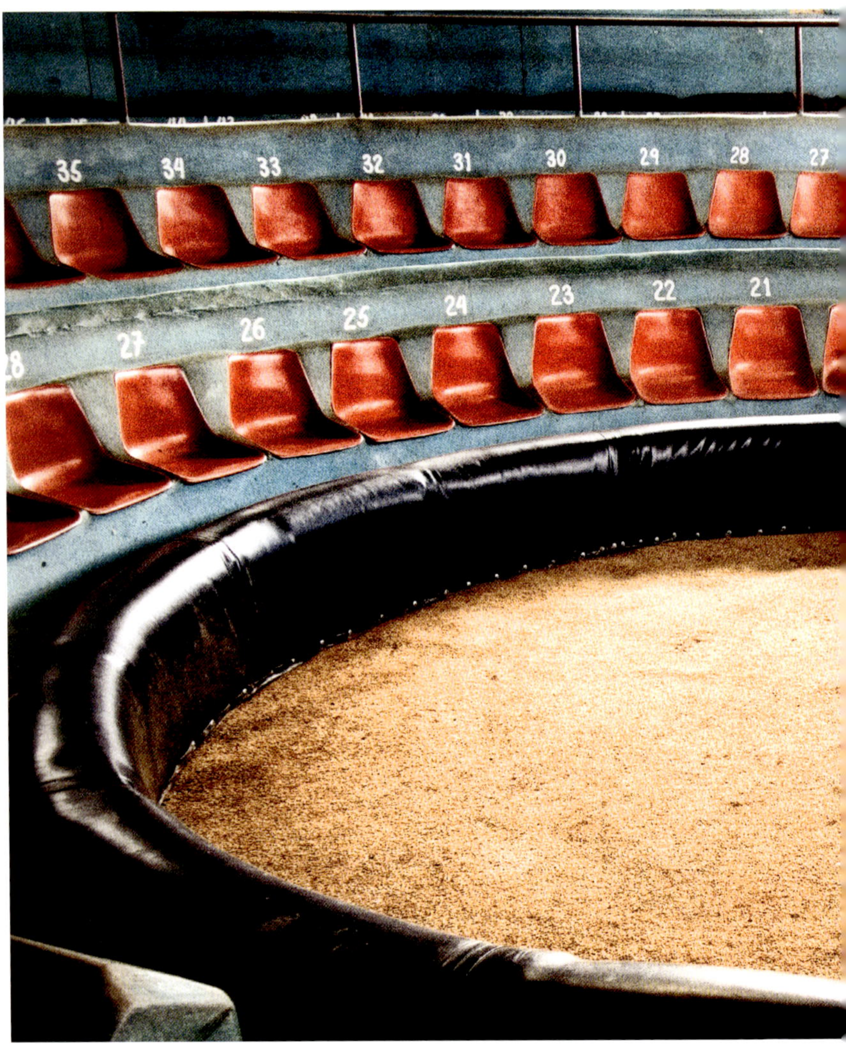

43. Gallera, República Dominicana, 2007

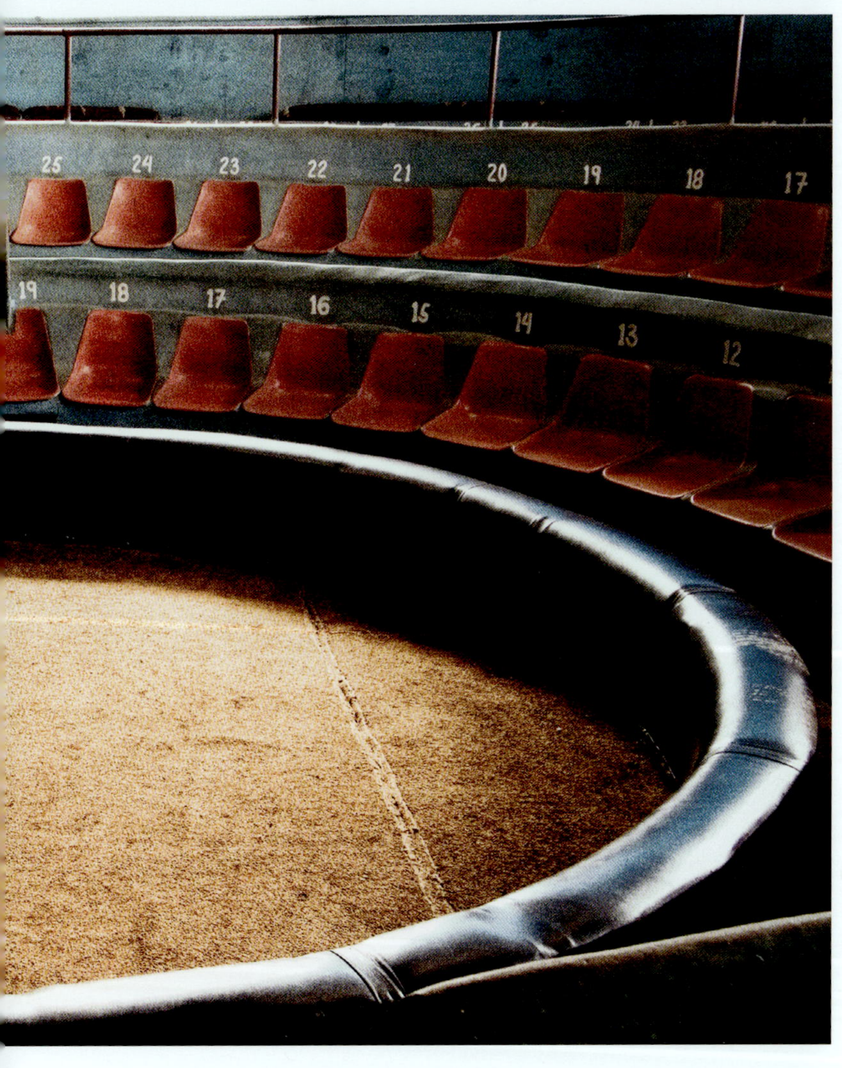
25
24
23
22
21
20
19
18
17
19
18
17
16
15
14
13
12

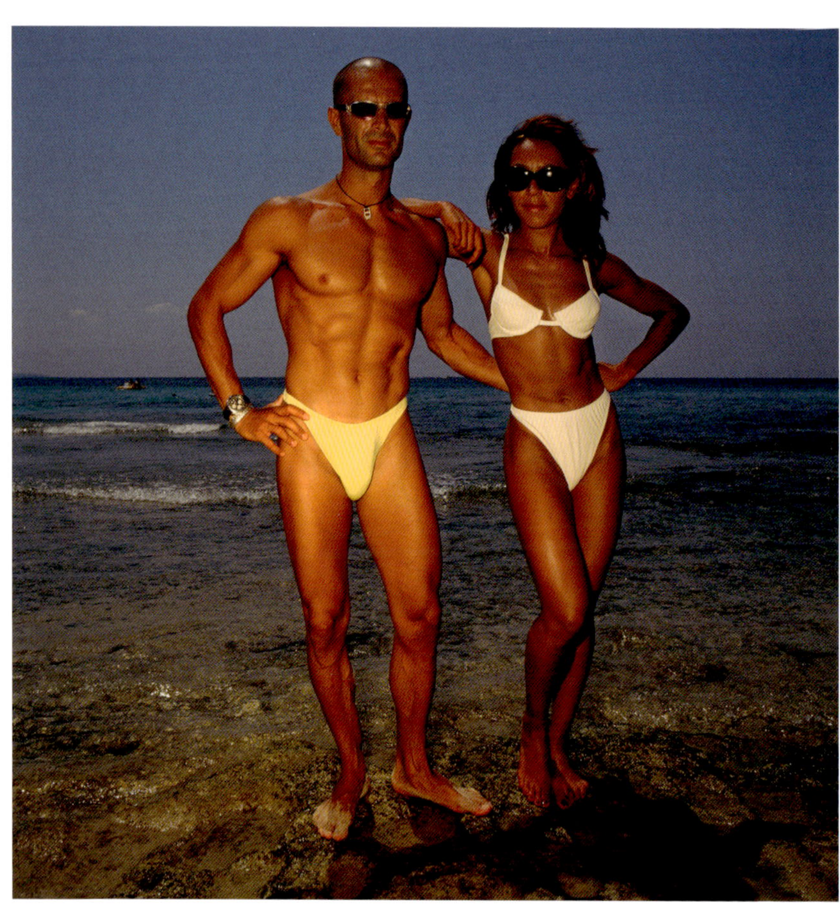

44. Ibiza, 2007

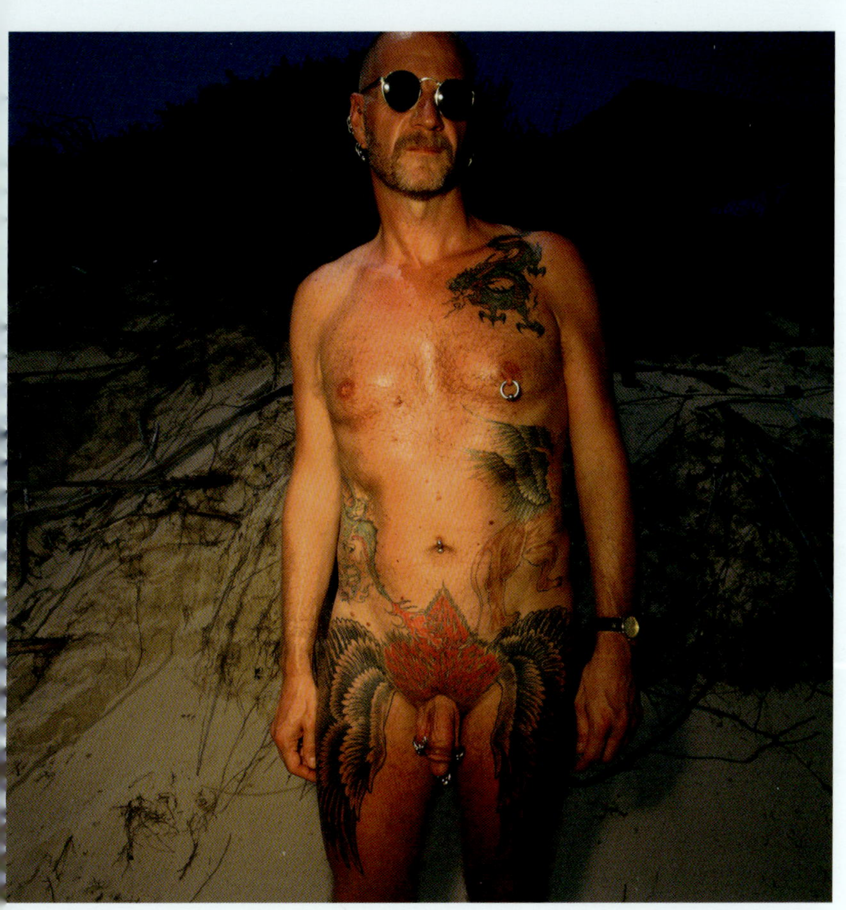

45. Ibiza, 2007

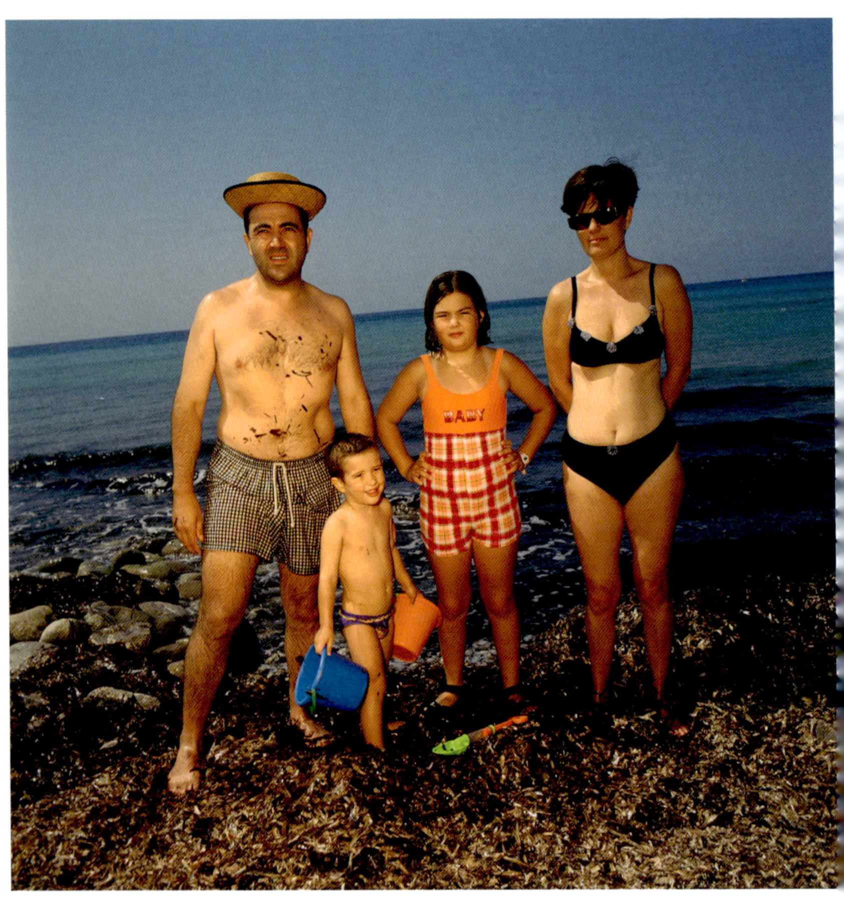

46. Ibiza, 2007

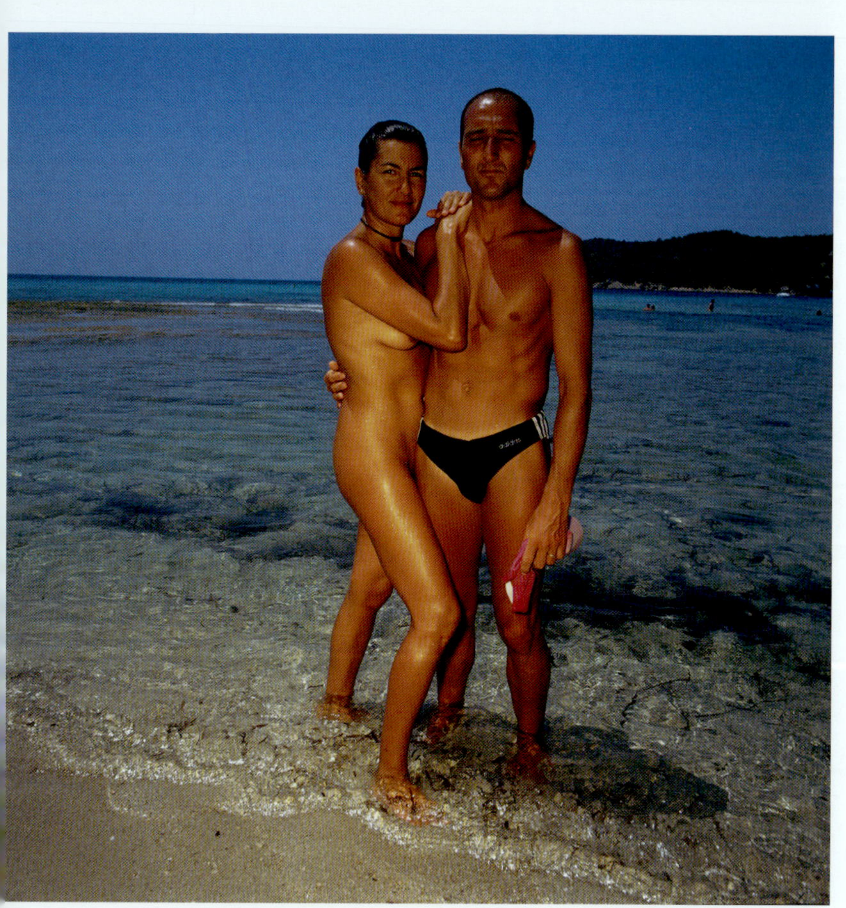

47. Ibiza, 2007

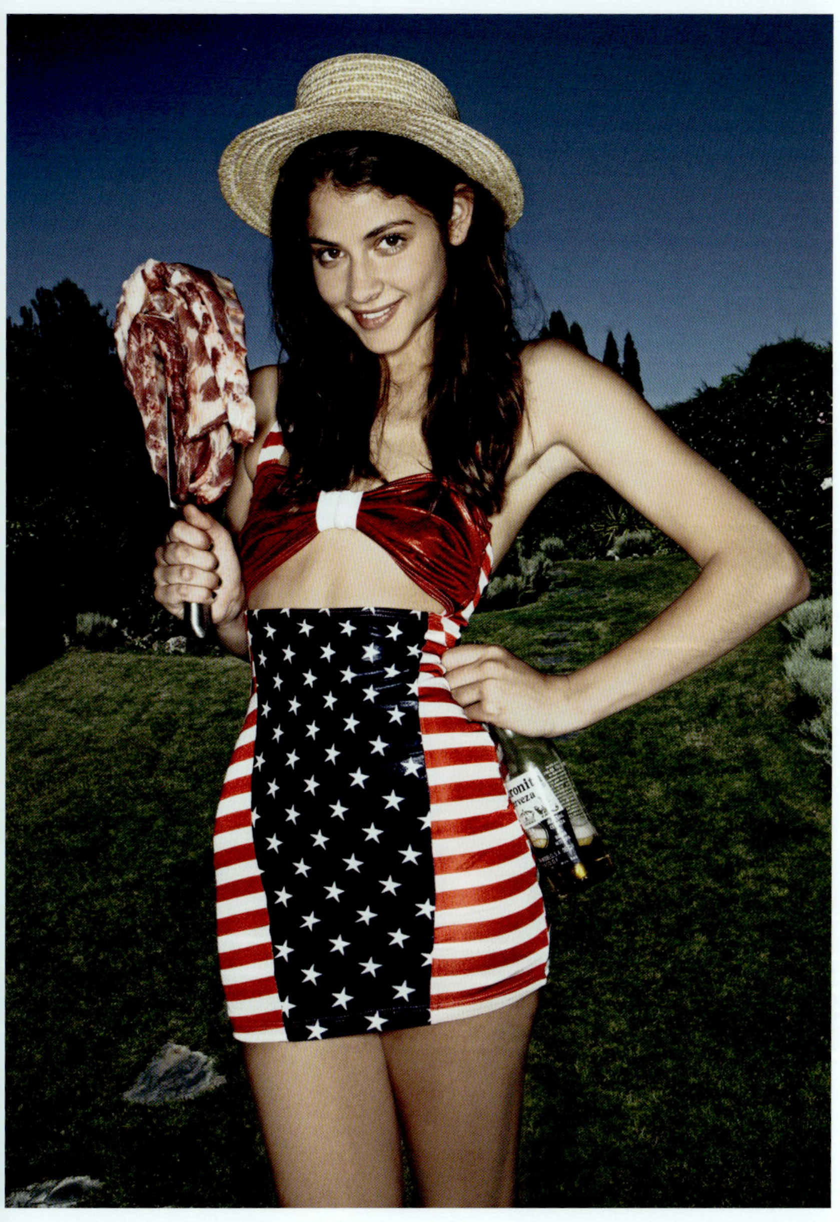

48. Eat Me, 2010

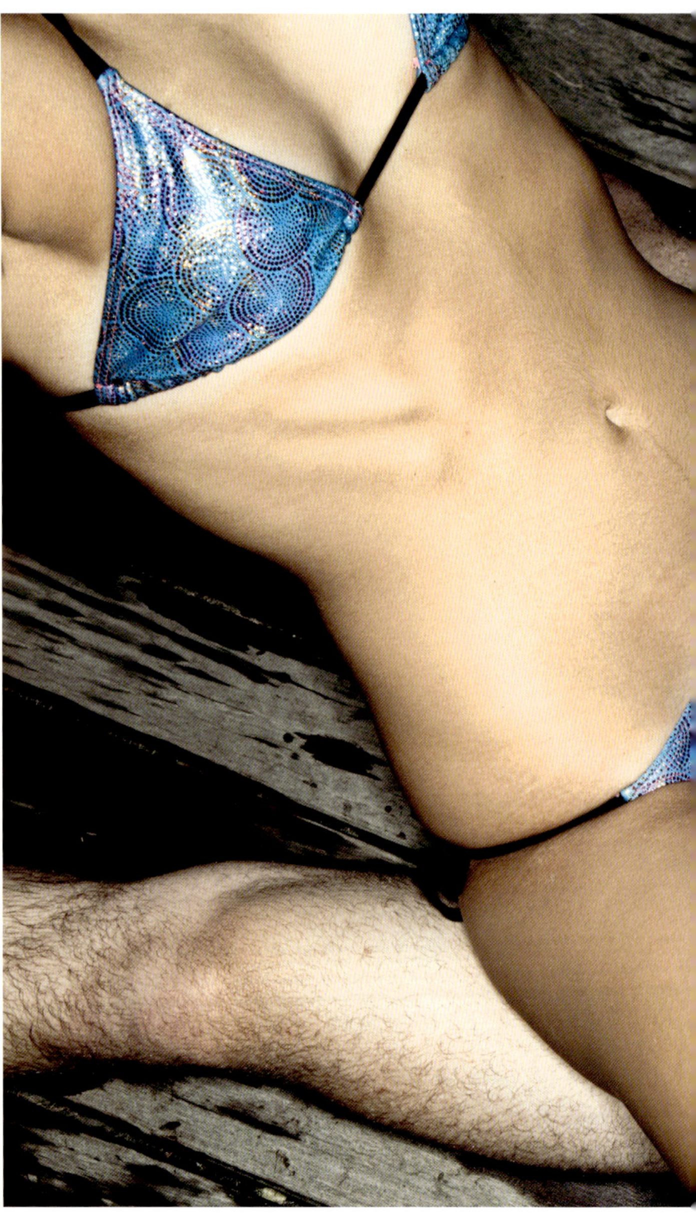

49. Eat Me, 2010

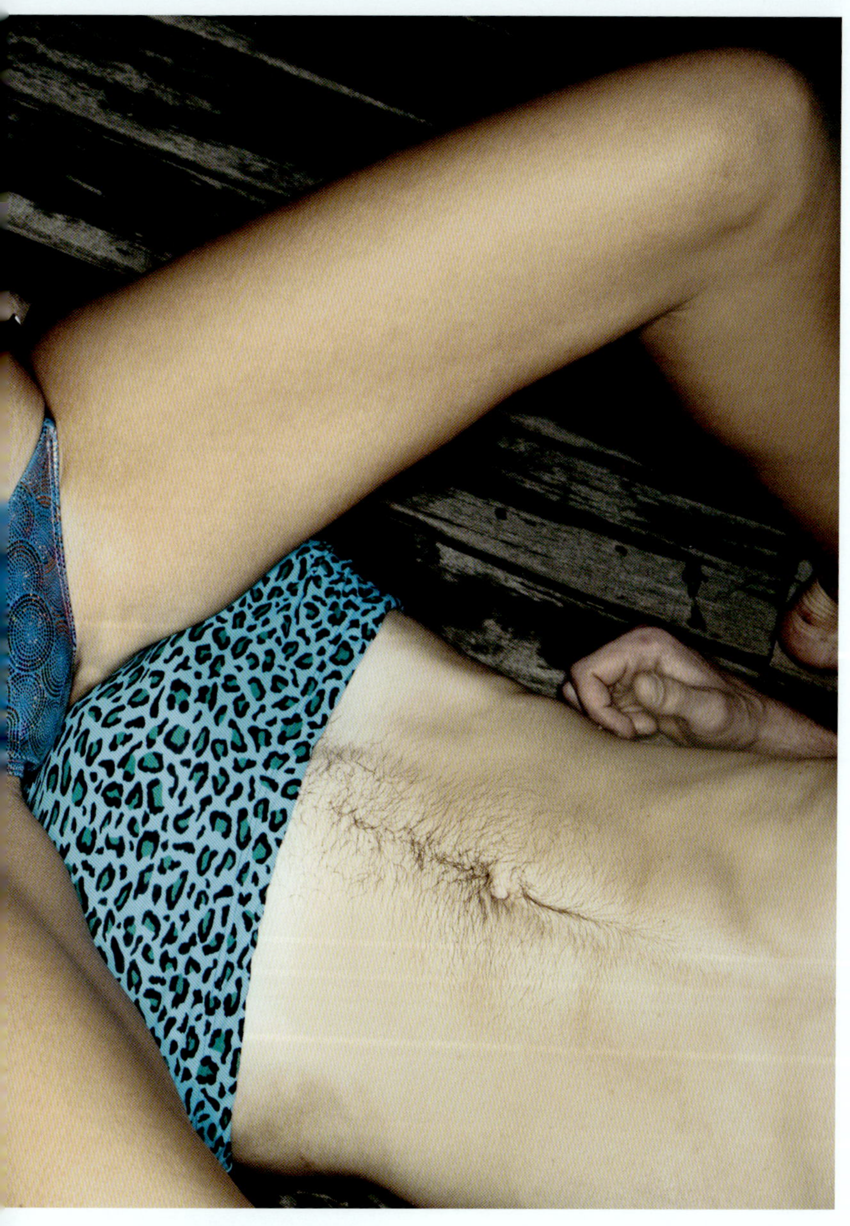

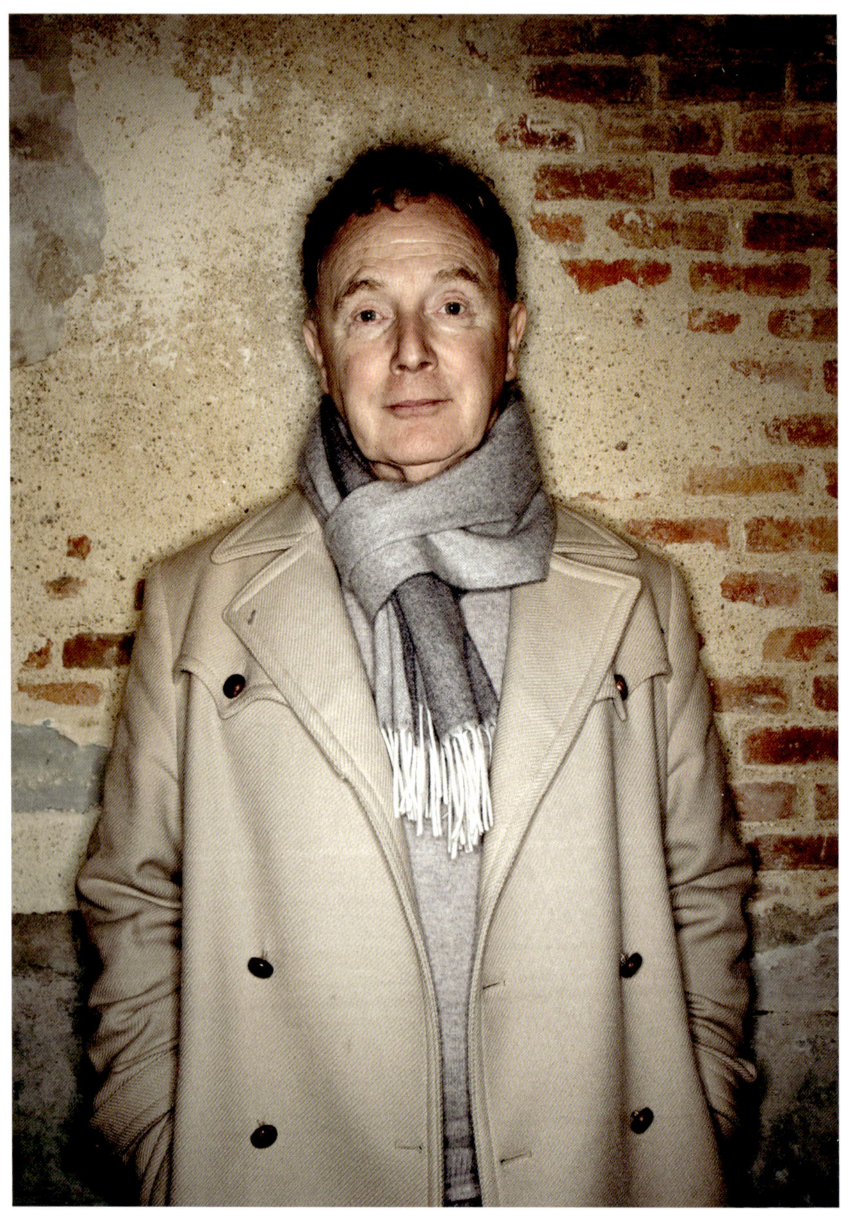

50. Malcom McLaren, Madrid, 2007

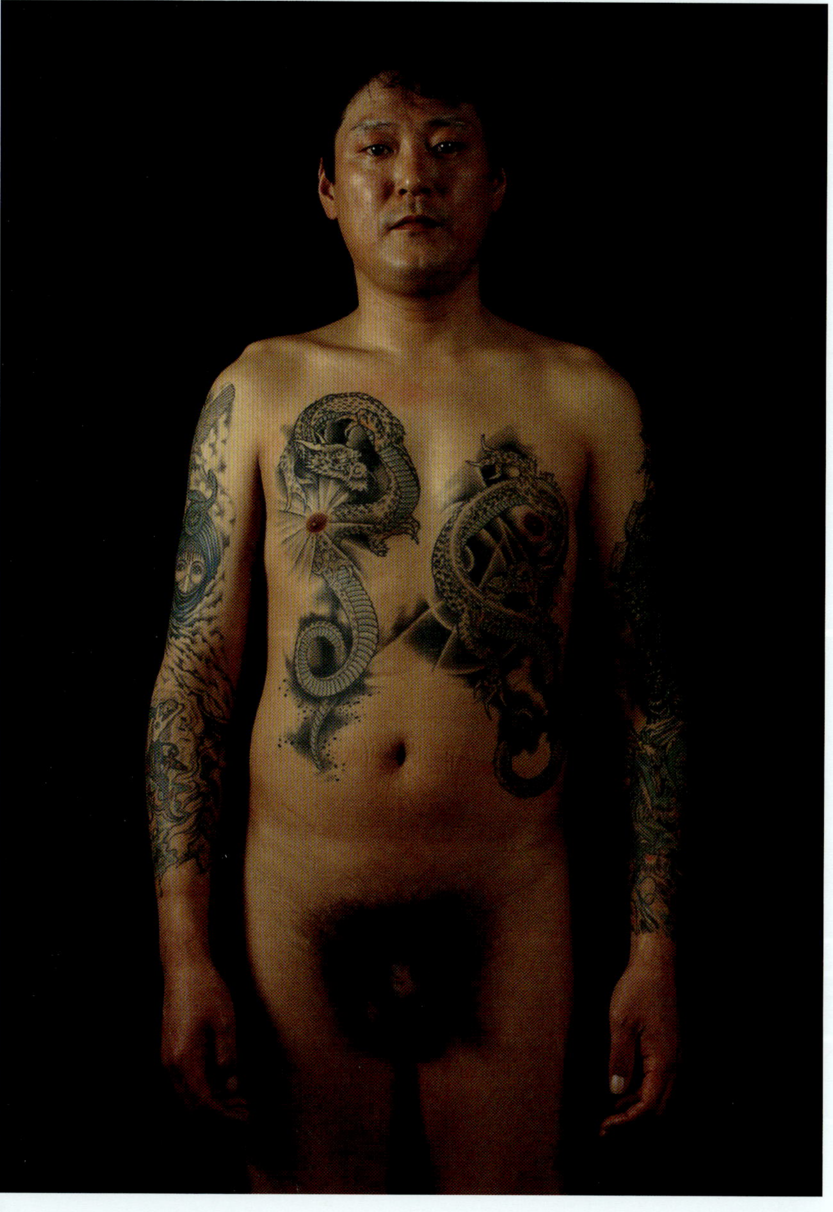

51. I Convención de Tatoo, Barcelona, 1996

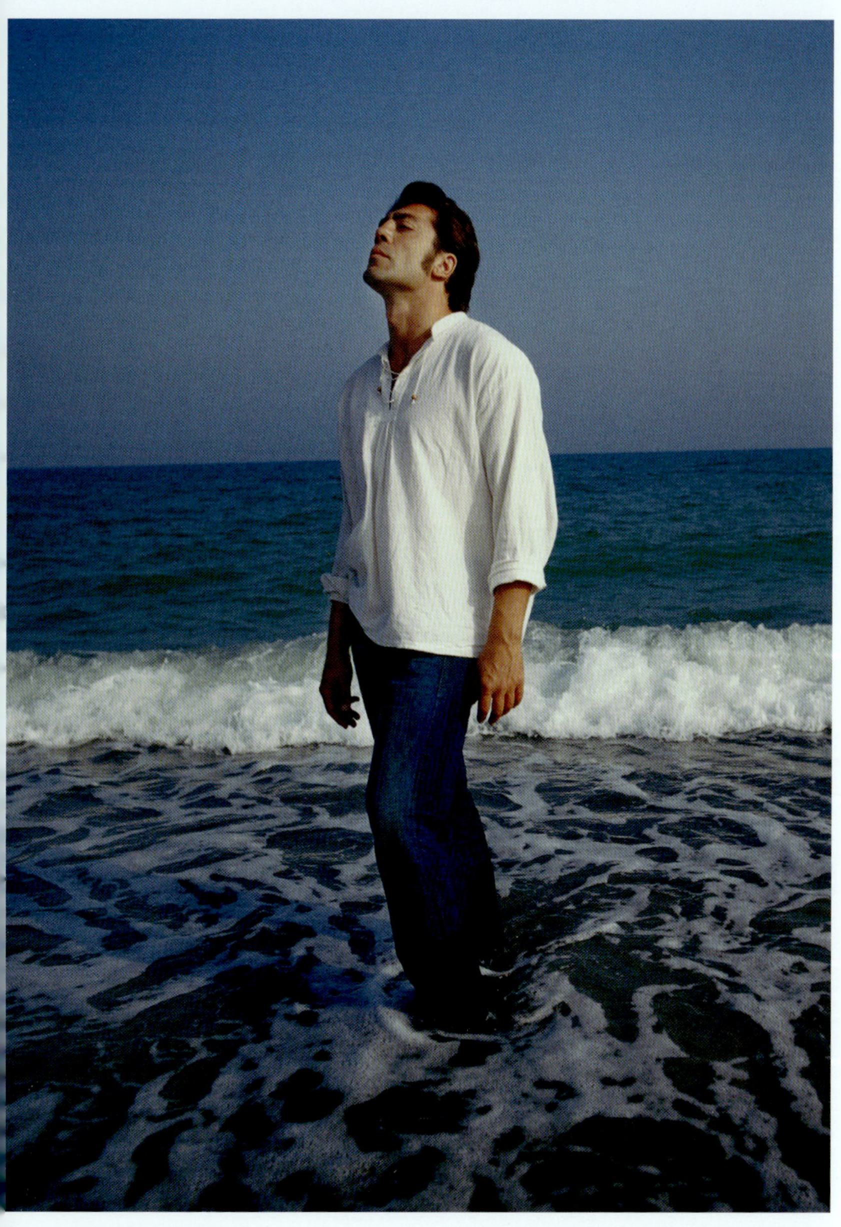

52. Javier Bardem, Barcelona, 2004

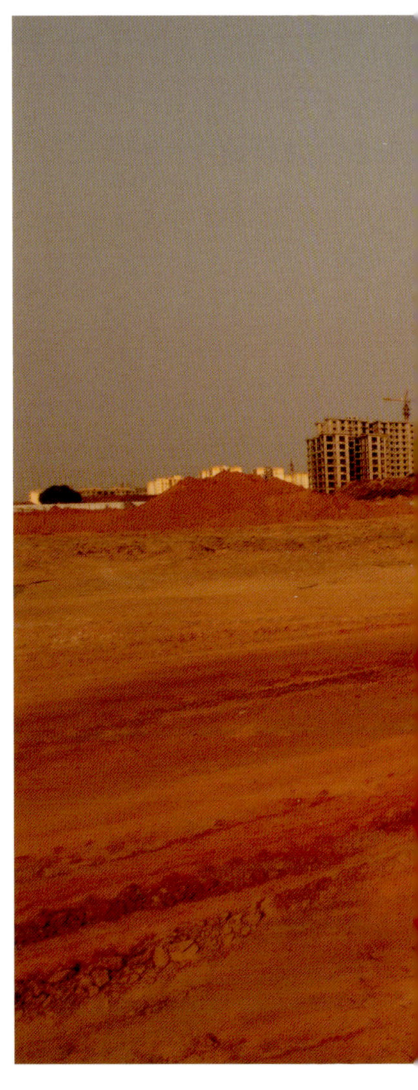

53. Angola, 2011

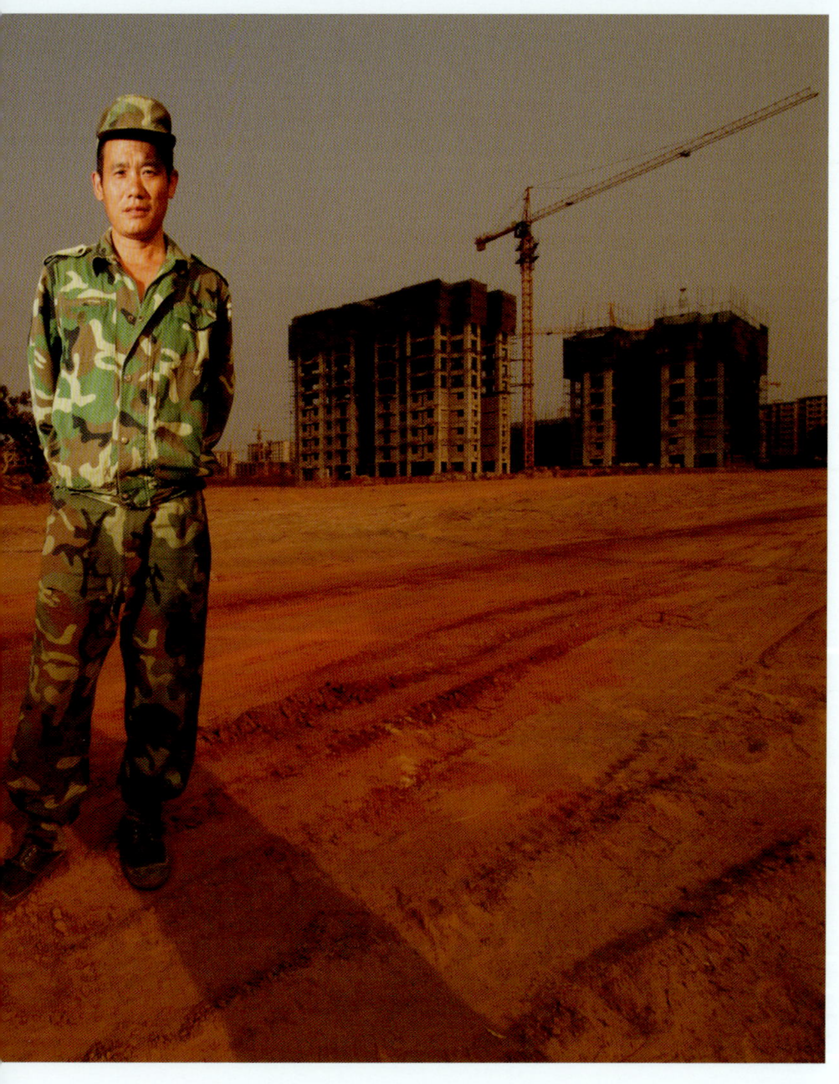

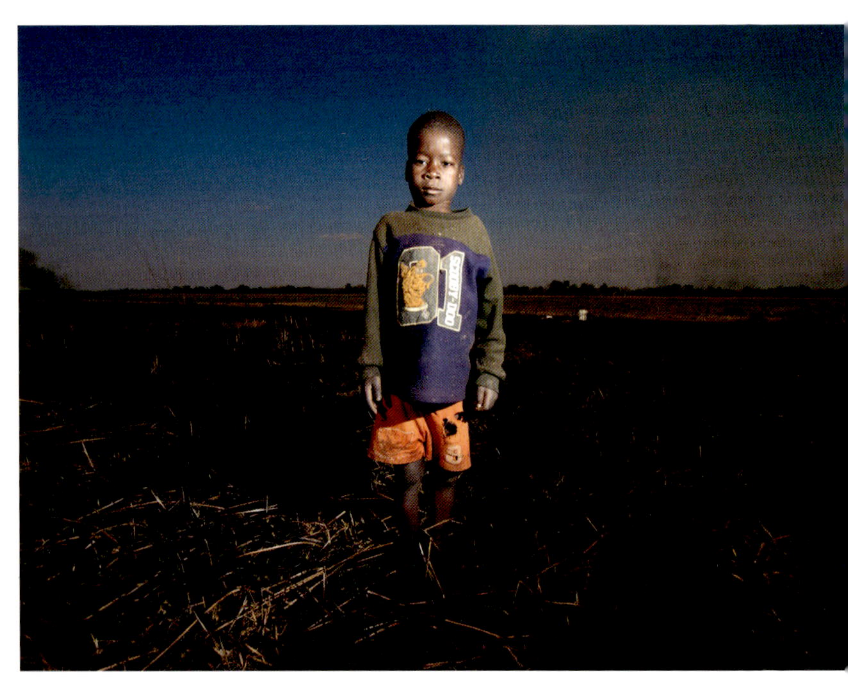

54. Mozambique, 2011

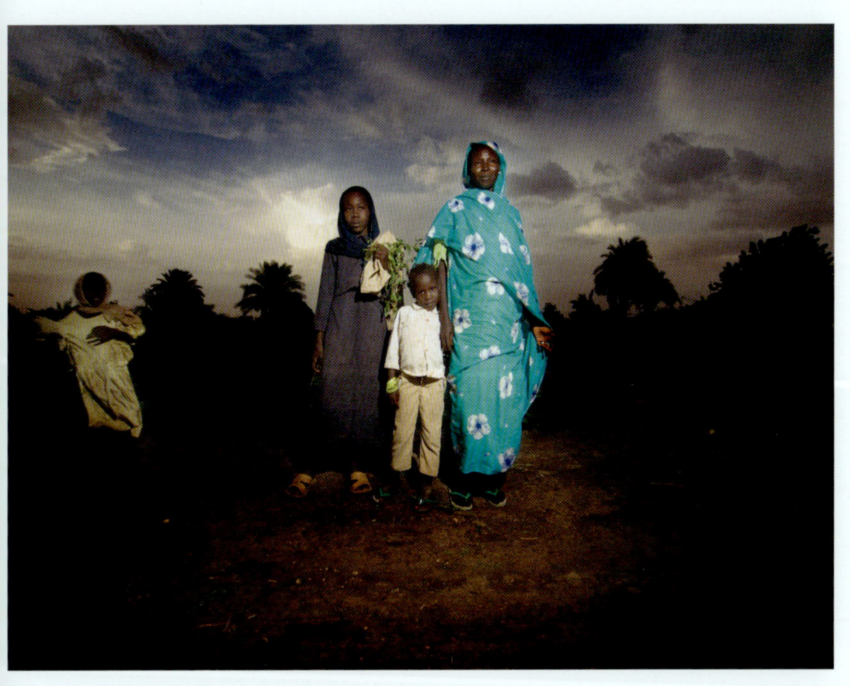

55. Sudán, 2011

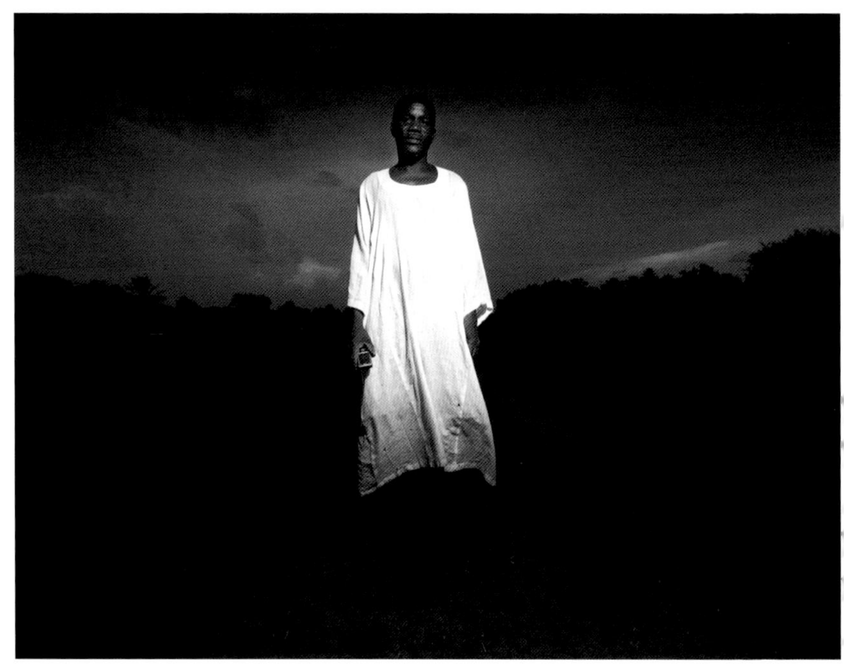

56 Sudán, 2011

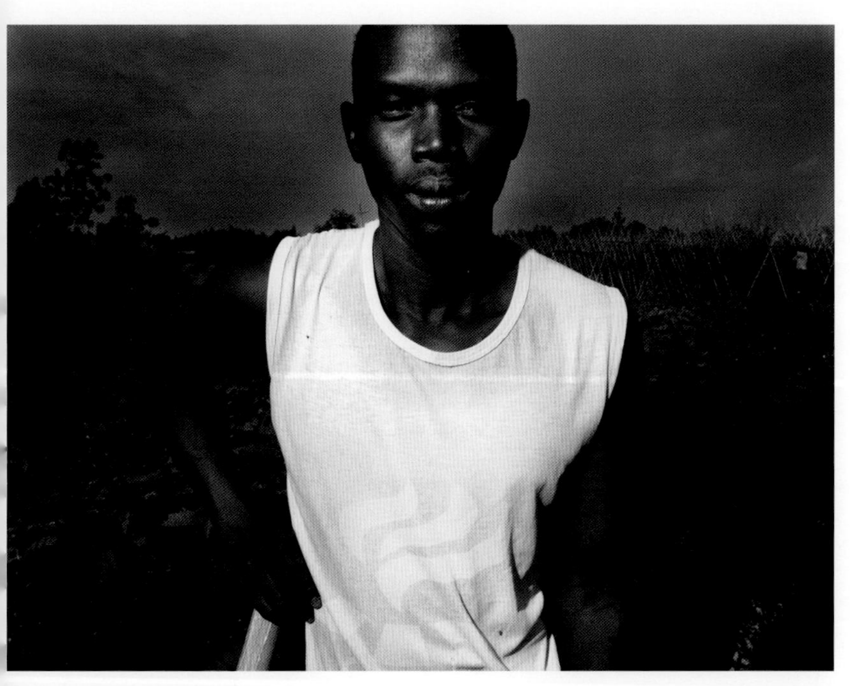

57. Sudán, 2011

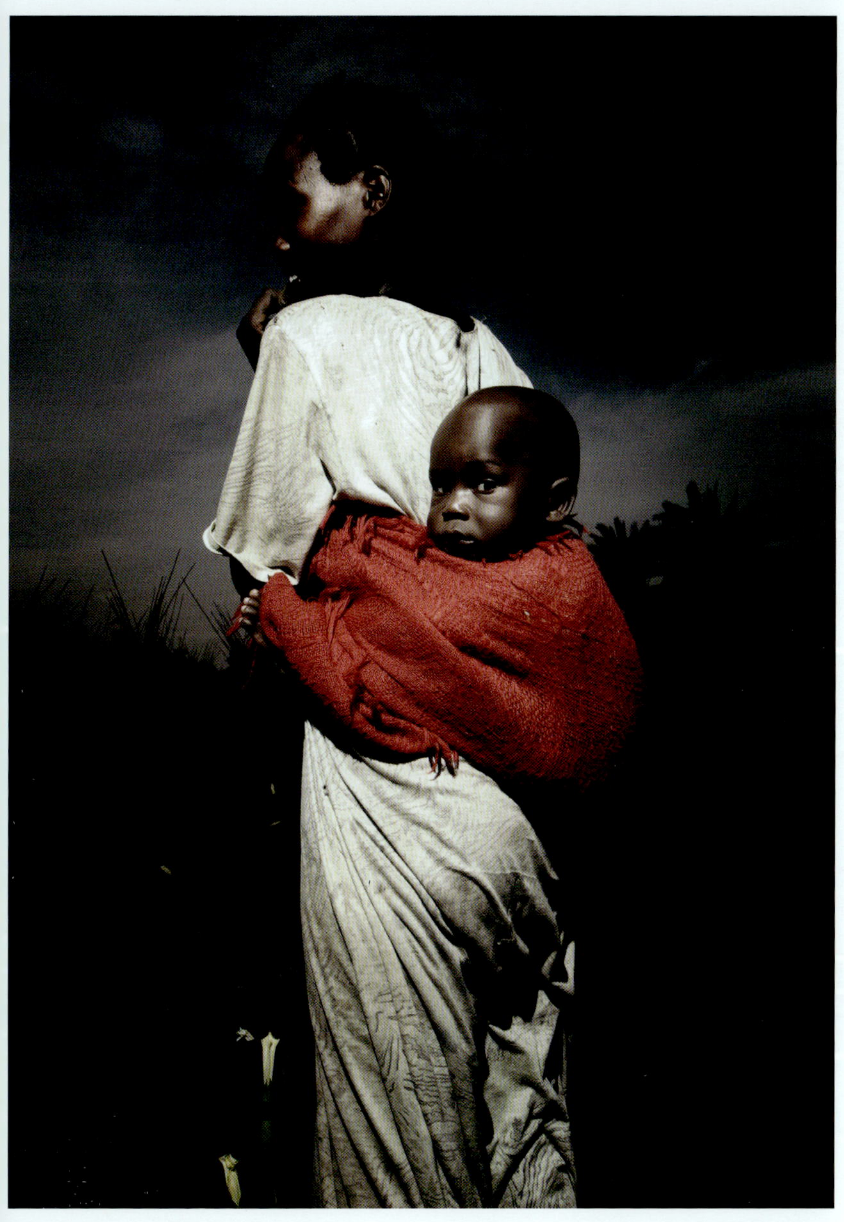

58. Sudán, 2011

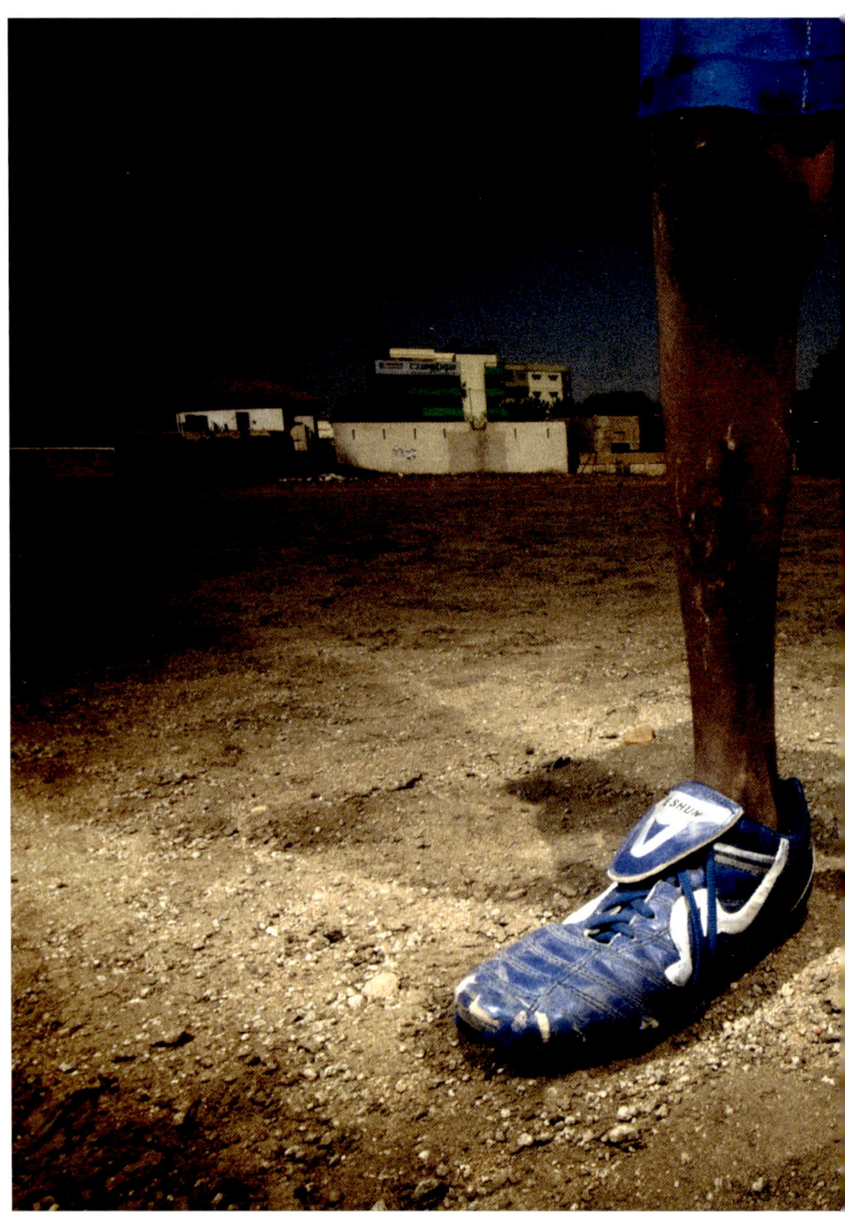

59. Sudán, 2011

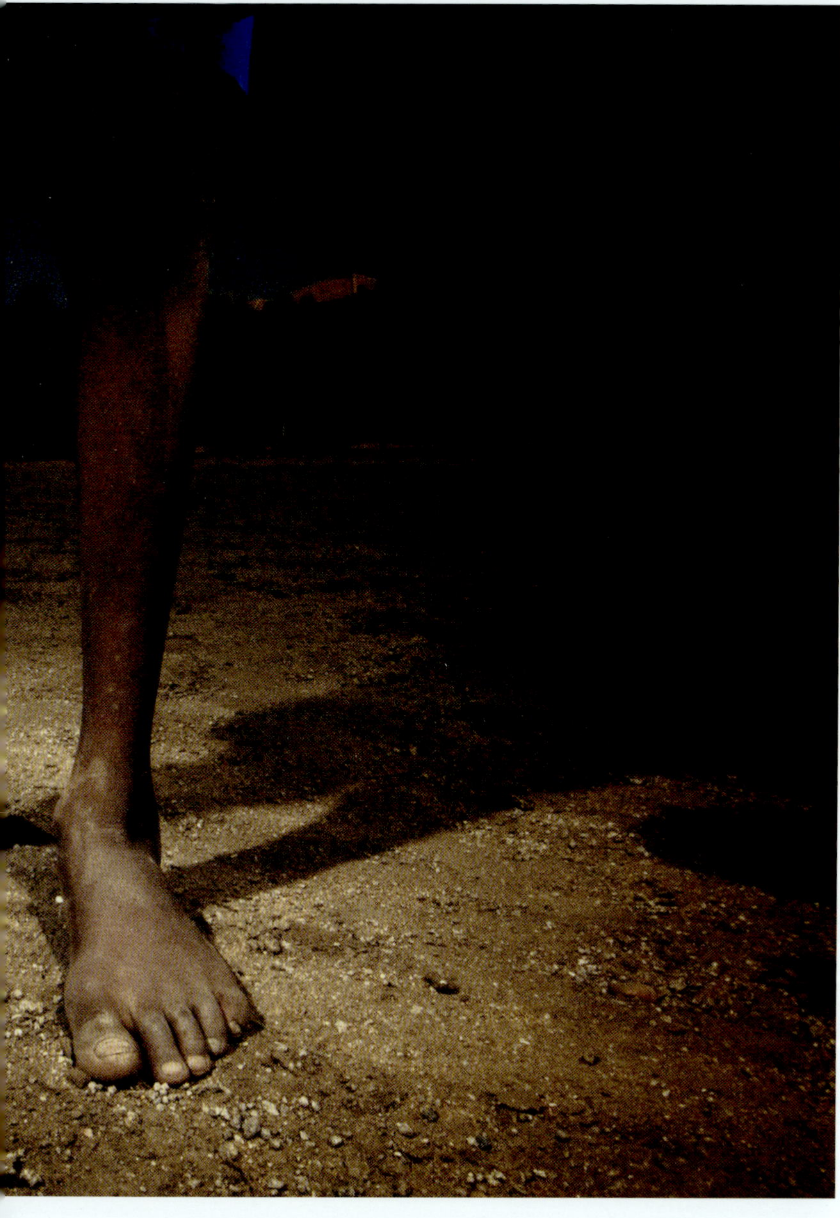

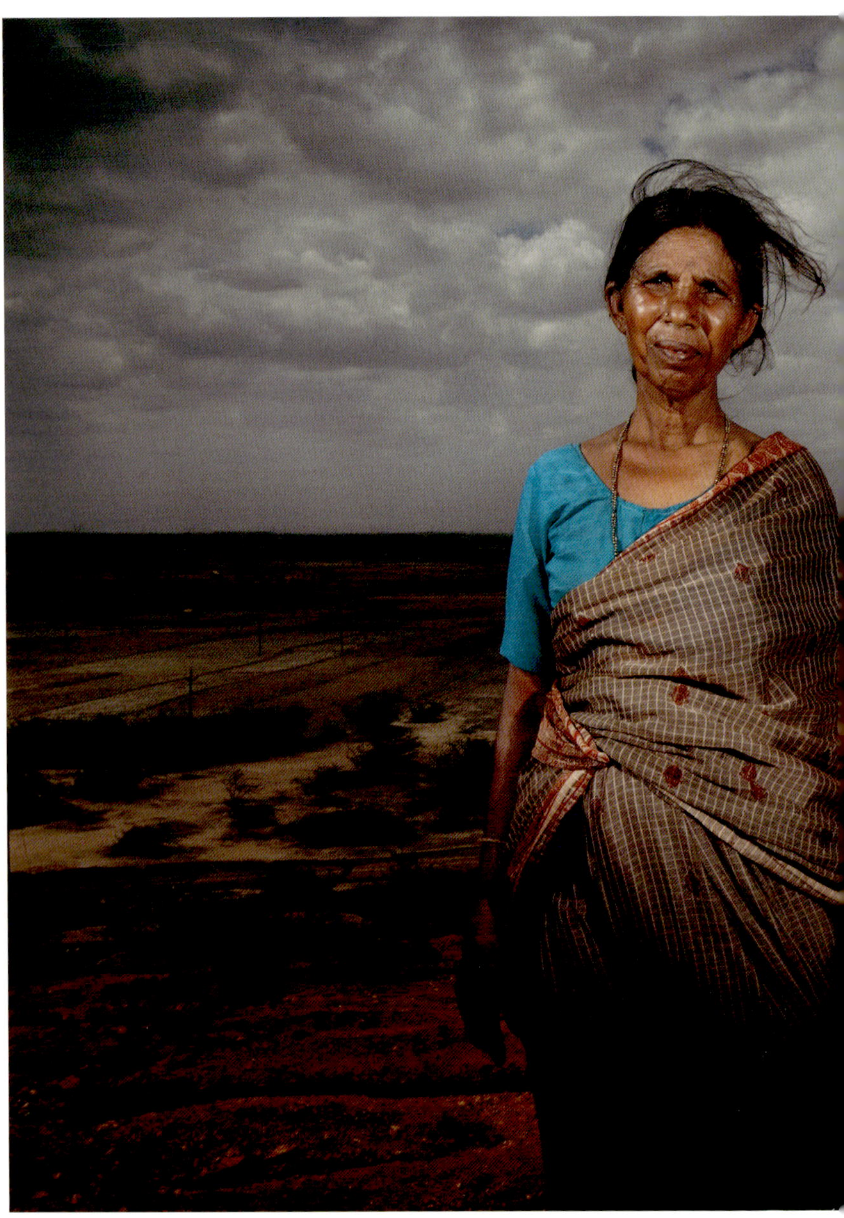

60. Bangalore, India, 2013

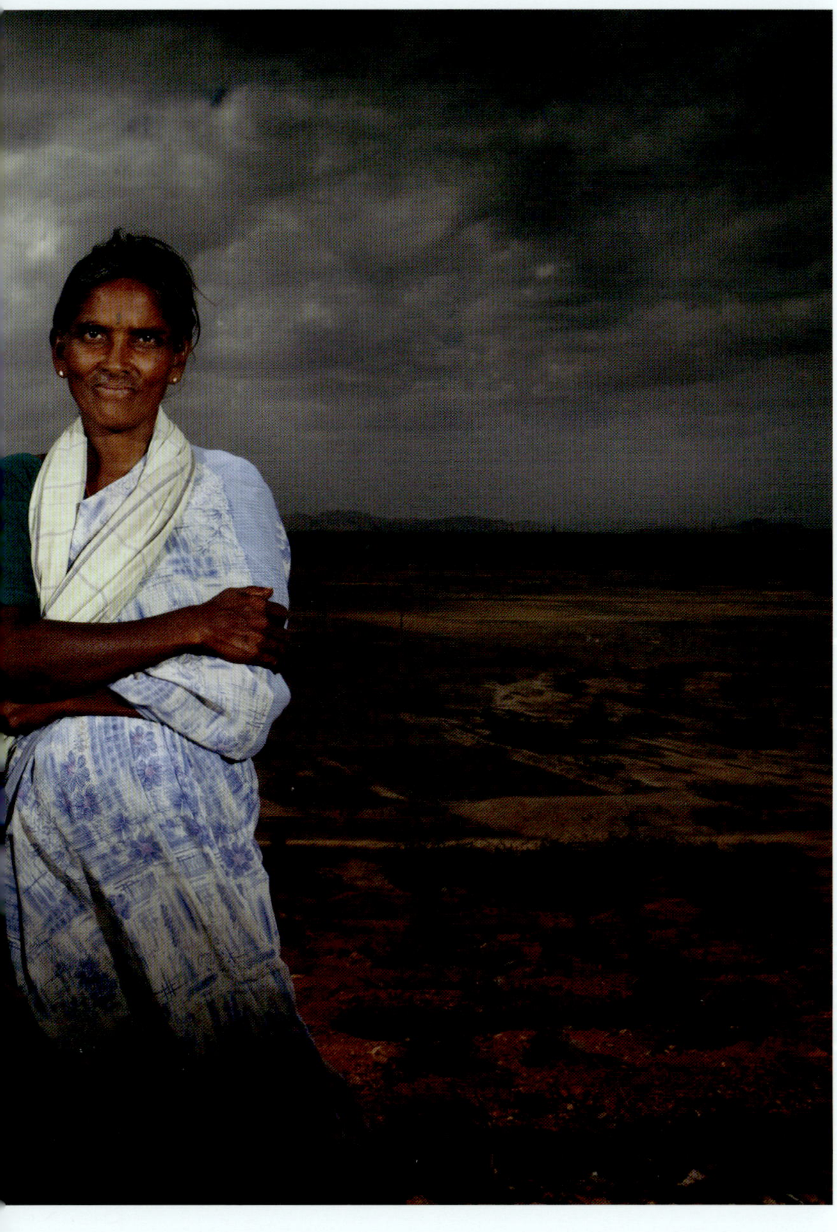

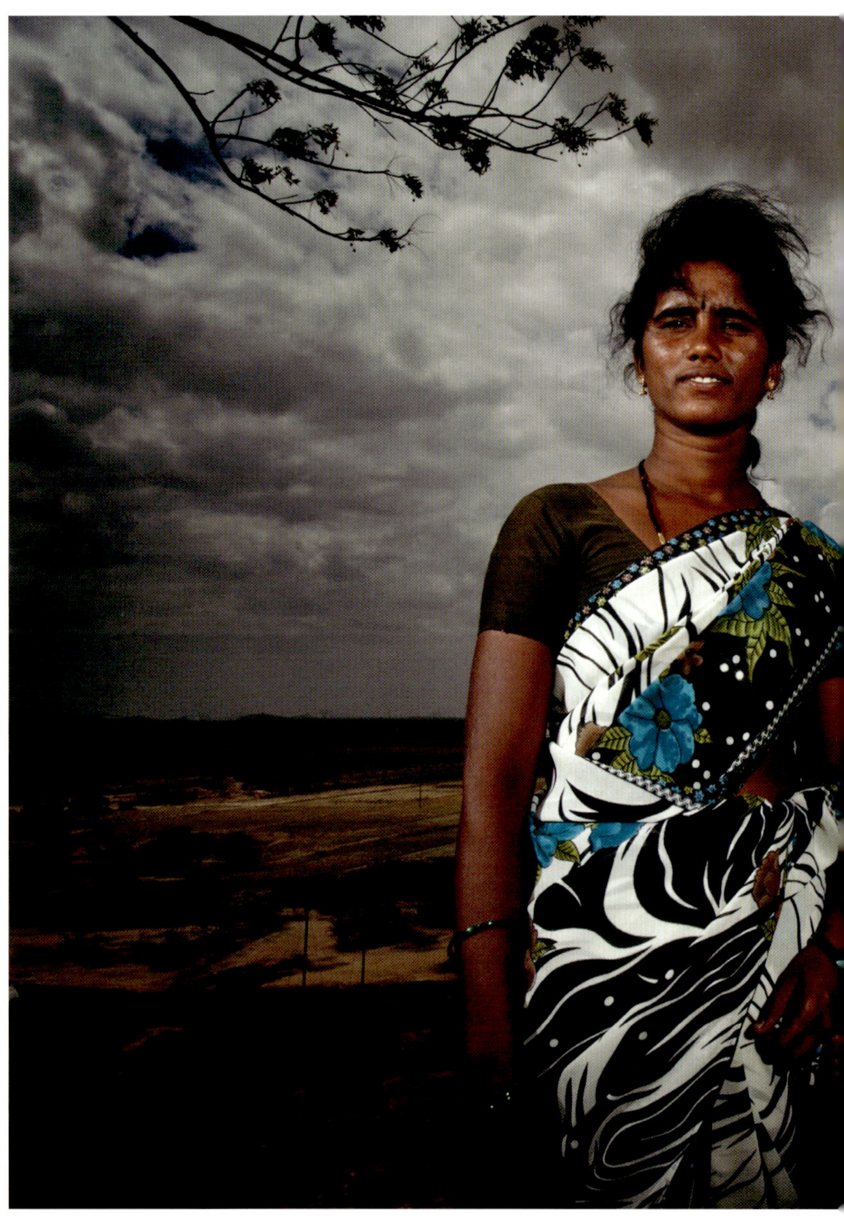

61. Bangalore, India, 2013

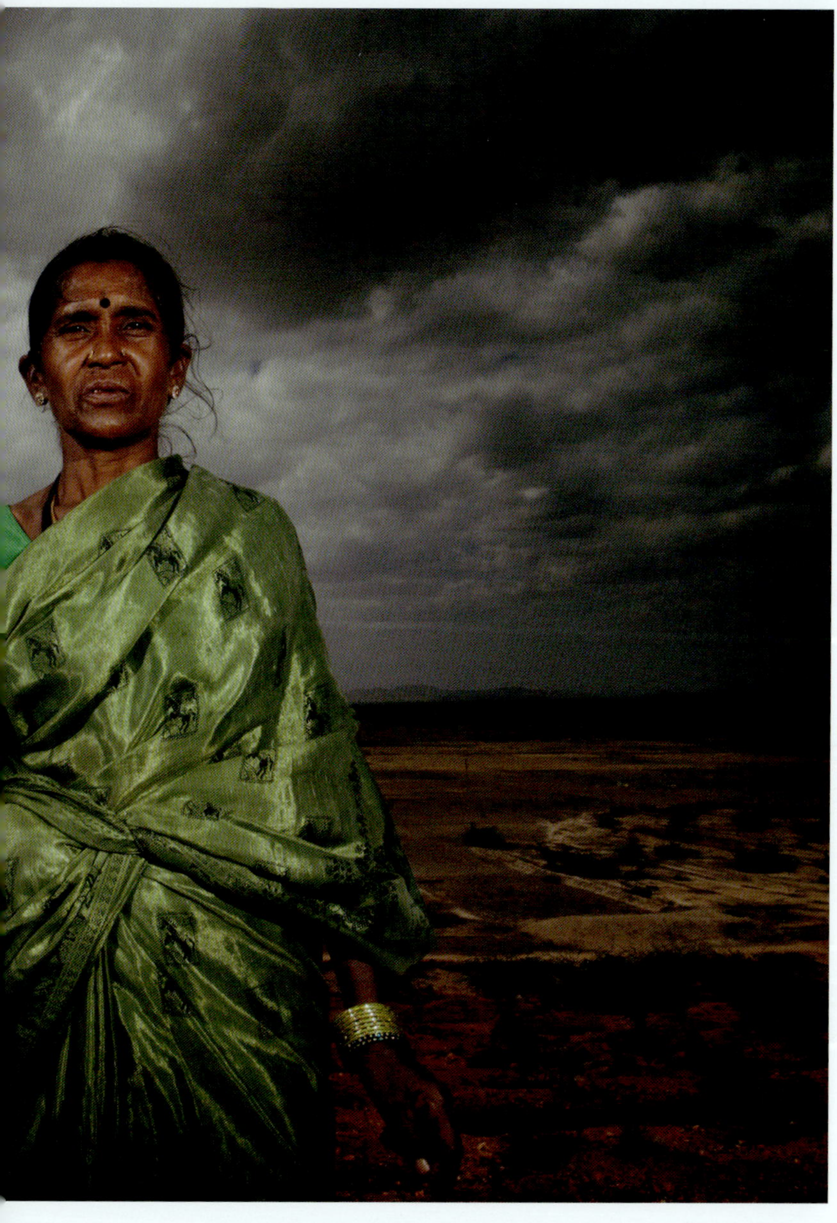

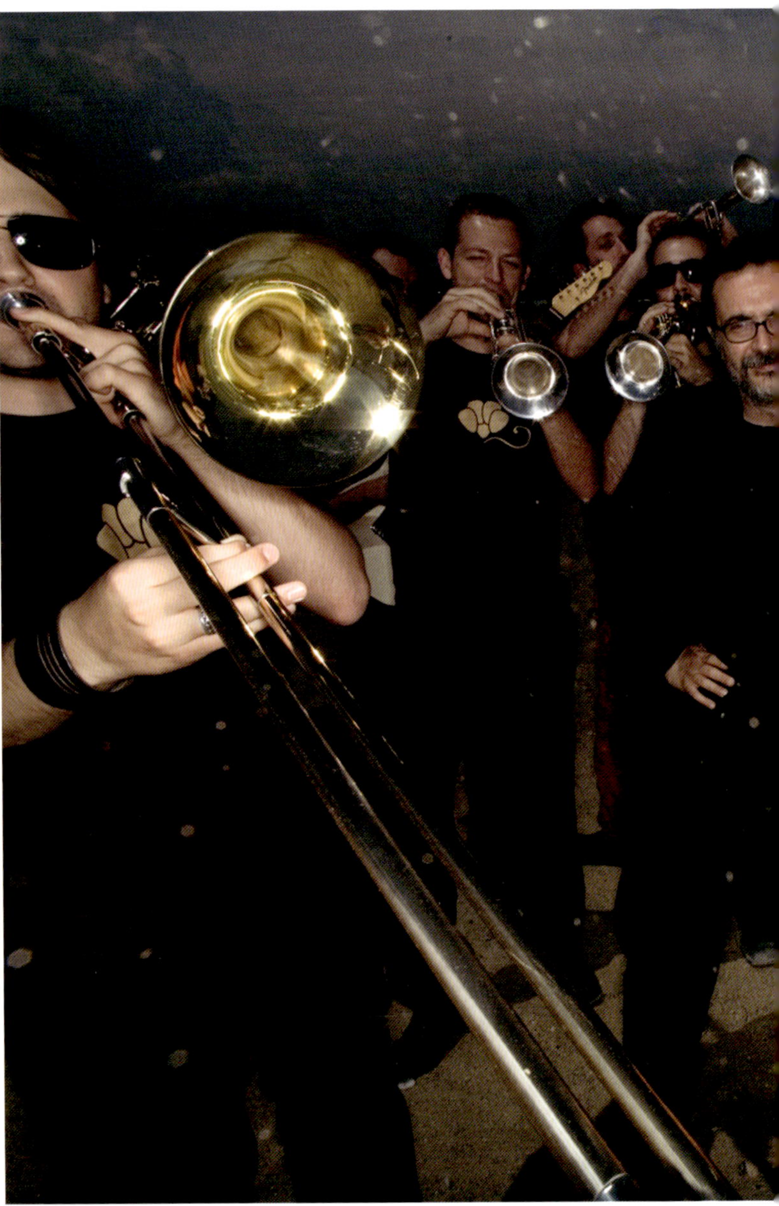

62. Juan Perro, Barcelona, 2007

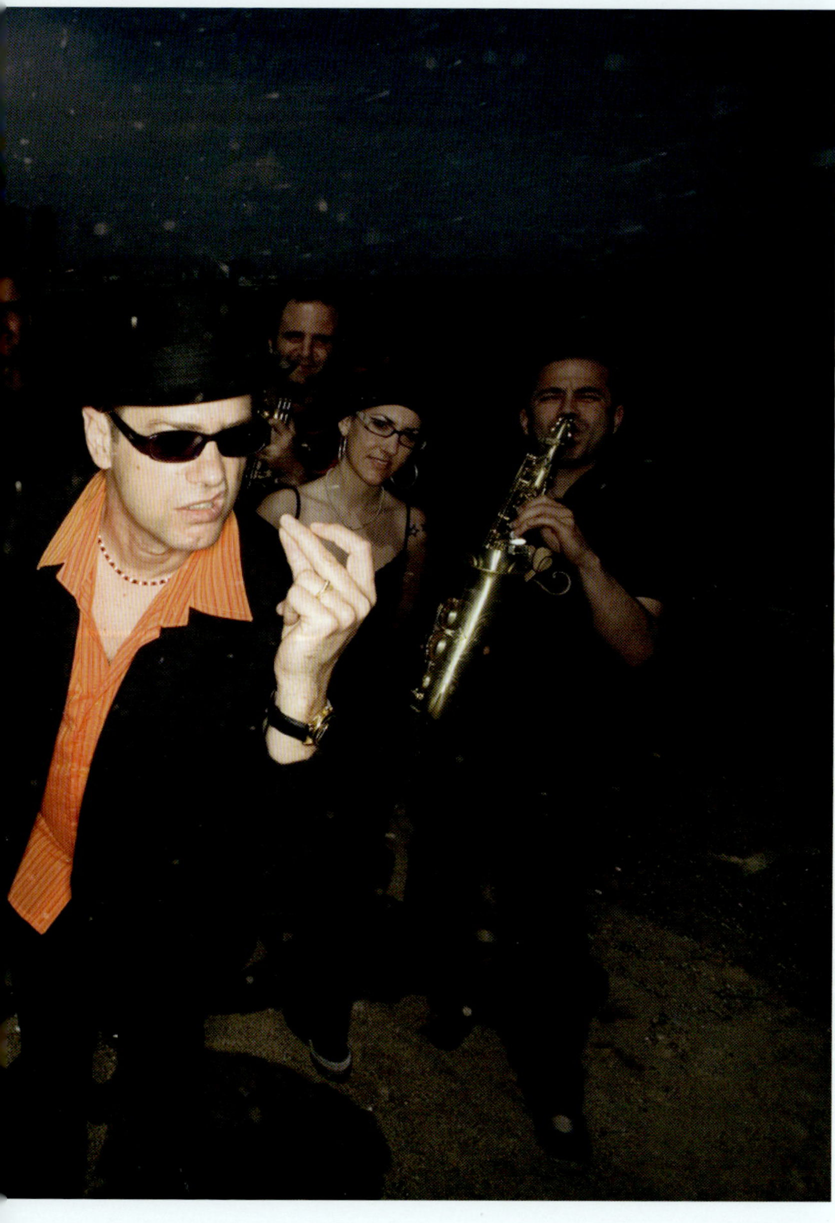

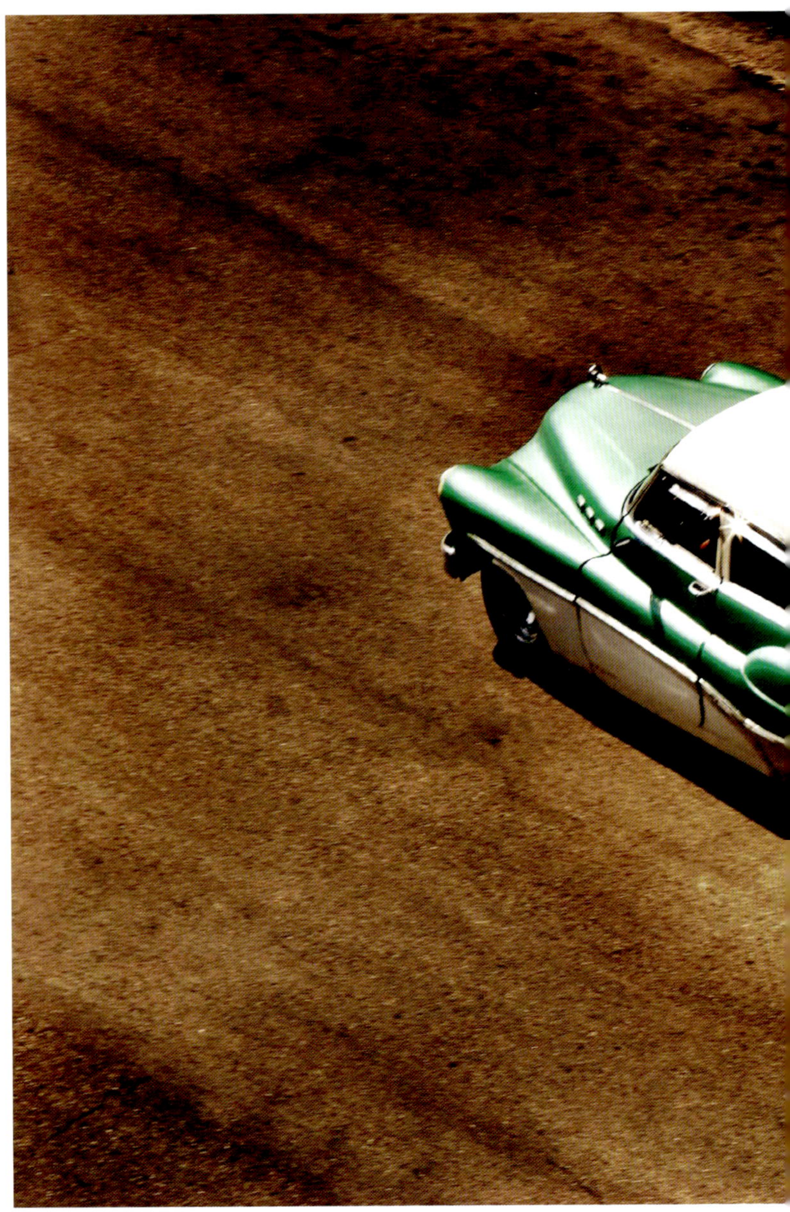

63. La Habana, Cuba, 2008

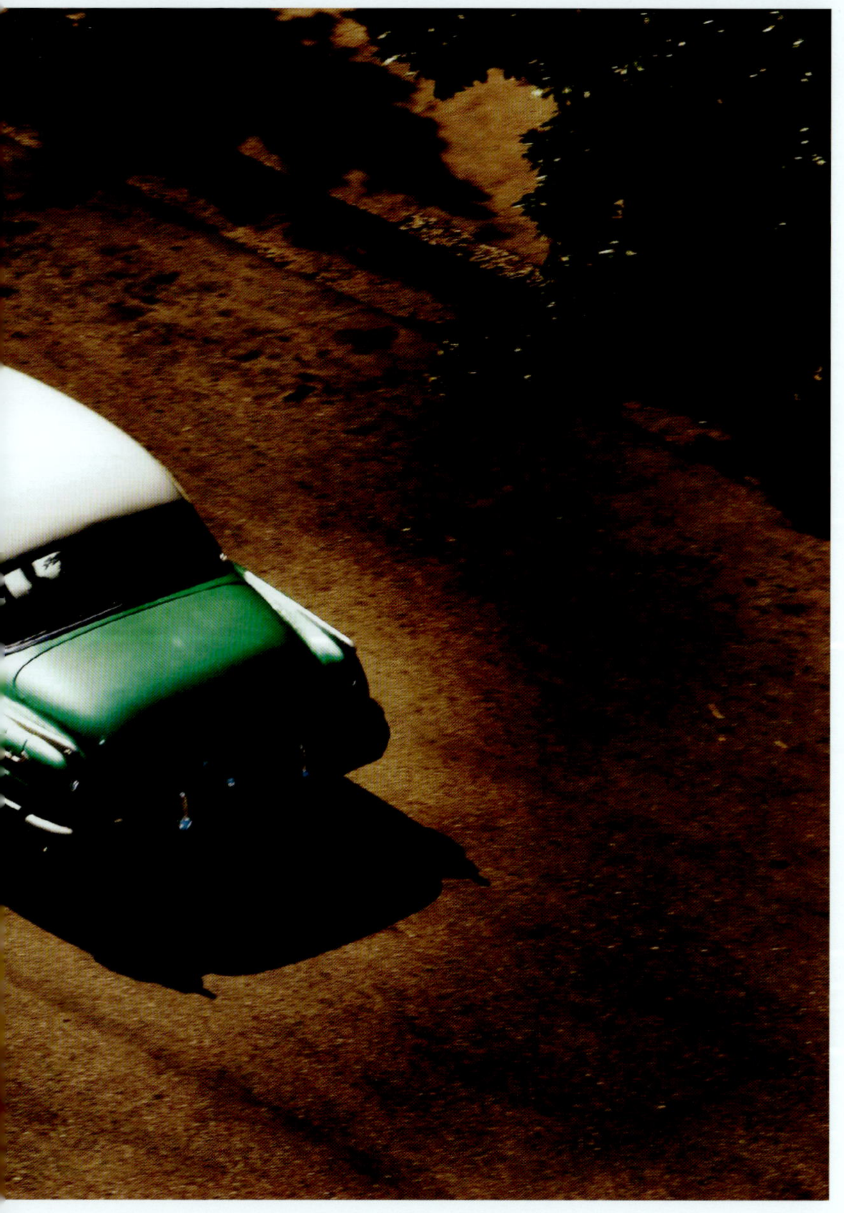

Cronología

1965 Nace en Madrid.
1982 Se forma como fotógrafo profesional en el Centro
      de Estudios de la Imagen (CEV). Realiza cursos
      monográficos de especialización en la Universidad
      Internacional Menéndez Pelayo de Santander.
1983 Realiza sus primeros trabajos fotográficos como
      colaborador del diario *Liberación* y el periódico *ABC*.
1984 Se incorpora como fotógrafo a la redacción del diario
      económico *Cinco Días* y la revista *Mercado*.
1990 Comienza a trabajar como fotógrafo *freelance* para
      diversos medios de comunicación.
      Es colaborador habitual de *El País* y *El Mundo*, los
      dominicales *Semanal*, *Magazine*, *Dominical*, *La Luna
      del Siglo XXI*, y las revistas *Elle*, *Dunia*, *Man*, *Oro*,
      El Europeo, *Woman*, *Marie Clair*, *Paris Mach*, *GQ*,
      Ajoblanco, *Rolling Stone*, *Maxine*, *Forbes*, *Esquire*,
      Bazar, *Robb Report*, *Fuera de Serie*. También es
      colaborador de las revistas independientes como
      El Canto de la Tripulación, *Bip-Bop* o *Eat Me*.
      Recibe el premio Fotopres en la modalidad de retrato
      por *Hierro americano*.
1991 Compagina su trabajo como fotógrafo profesional
      con su participación en los cursos de fotografía de
      la Universidad Complutense de Madrid, dirigidos por
      Sebastiao Salgado (1991), Fernando Scianna (1992) y
      Alex Webb (1995).
1996 Cofundador y editor gráfico de la revista *Matador*.
1998 Además de publicar en prensa diaria, realiza otros
      trabajos fotográficos en las áreas de imagen
      corporativa con empresas como Banco Santander,
      Cajamadrid, Grupo Unilever, Fiat, Mercamadrid;
      imagen promocional y portadas de discos para
      discográficas; publicidad; campañas políticas
      nacionales e internacionales, moda, guías y revistas
      gastronómicas.
1999 Dirige el curso *La fotografía, entre el encargo y la
      creación* en la Escuela de Imagen y Sonido de Galicia
      (La Coruña).
2005 Comienza a impartir clases en el Máster Internacional
      de Fotografía Documental Contemporánea de la
      Escuela de Fotografía Centro de la Imagen (EFTI).
2008 Imparte el curso *Toma, edición y proceso digital*, para
      KREA (Vitoria-Gasteiz).
2010 Imparte un curso sobre retrato en las I Jornadas
      Internacionales de Fotografía de Aranjuez.
2011 Publica, junto a Juan Pablo Cardenal y Heriberto
      Araujo, el libro *La silenciosa conquista china*.

Exposiciones (selección)

1990 Fotopres.
1991 Universidad de Verano de El Escorial. Univerisdad
     Complutense de Madrid, Madrid.
     Galería Tiempos Modernos, Madrid.
1992 *El Canto de la Tripulación.* Galería Detursa.
1995 *El Retrato.* Universidad de Verano de El Escorial,
     Madrid.
1997 *El Álbum. Cuando la mirada acaricia.* Canal de
     Isabel II, Madrid.
1999 *El refractario.* Galería Boades, Madrid.
     Rapaces. PHotoEspaña. Sala Fotosíntesis, Madrid.
2000 *Madrid y el rock.* Exposición del Área de Transporte de
     la Comunidad de Madrid.
2008 *Mírate, retrátate.* PHotoEspaña, Madrid.
2010 *A 1,20 metros de altura.* Fundación CGAE, exposición
     itinerante.

Juan Manuel Bellver
Nacido en Madrid, en 1965, ejerce desde 2010 como corres-
ponsal de *El Mundo* en París. Antes que eso, ha dirigido suple-
mentos dedicados al ocio y las tendencias como *Metrópoli* o *La
Luna del Siglo XXI*, ha coordinado varias guías y colecciones
editoriales y ha publicado algunos libros.

Since 2010, Juan Manuel Bellver (Madrid, 1965) has been the
correspondent in Paris of the Spanish publication *El Mundo.*
Previously he was the director of supplements devoted to leisure
and to tendencies such as *Metrópoli* and *La Luna del Siglo XXI.*
He has coordinated several guides and collections, and has
published some books.

Luis de las Alas
Multi-faceted and unclassifiable

Juan Manuel Bellver

If instead of being a journalist I had wished to be a photographer I would like to have been Luis de las Alas. With him I share not only my nationality, sign of the zodiac and age, but also a certain way of seeing this profession and life in general, besides some innocent passions and others that cannot be confessed.

What makes Luis a remarkable camera professional from any point of view is precisely his way of being as a person. For those who do not know him so well, he is a motorbike rider, a rock fan, a surfer, a Bohemian, an enlightened rebel and an elegant rogue, someone who loved pleasure and beauty, an impenitent, luxury-loving, free-thinking traveller.

But behind this outwards image that he has deliberately cultivated —and which gives him such good results in his nocturnal outings and trips— there hides a man who is upright, sensitive, interested and even reflective. A versatile and rigorous professional, whose honesty, independence, discretion and humanist view are reflected, in one way or another, in the issues he chooses to photograph or in the way that he frames an image.

Over the last three decades I have had the privilege of working with some of the authors who are represented in this remarkable PHotoBolsillo collection. When travelling with them for several days in order to carry out an interview or a reportage in some far-off place, under conditions that are not always favourable, one has time to discover the human being who is behind the lens.

In an unaware and natural manner, brought about by kilometres travelled and experiences shared, there firstly appears a relationship of professional respect and then one of companionship and open friendship. This took place with Luis de las Alas, with whom I have had this priceless complicity since the end of the nineties, when we started to deal with subjects in partnership that would then be published in the *Luna del Siglo XXI,* the *El Mundo Magazine* or in the *Sobremesa* magazine.

Together we have been in the best restaurants on the planet and in run-down bars, in the VIP area in Wembley Stadium and in the most scruffy blues bars of Chicago, on the party circuit of Buenos Aires and in the Chinese quarter in Barcelona, toasting along with Marquises or in the after-party with Calamaro, in the rowdy fish market in Lima or in the Les Halles in Lyon, on the wine escarpments of the River Douro, the Hermitage or the Priorat. We have slept in luxury hotels and on the floor of a stinking van. They have tried to rob us in Montevideo and have taken a patrolman off us in Sausalito.

Being faithful to our own contradictions, we used to approach our articles on rock'n'roll from a gourmet and gastronomic aspect with an absolutely rock and roll focus. It was the way of doing something different, but also a vital stance.

During theses adventure I have had the good fortune to get to know this Madrilenian from the harvest of 65 –an extremely poor year for wine, but excellent for people– whose adolescent passion was to ride the waves in the Playa de los Locos in Santander, but who gave up everything due to his fascination for portraying people, landscapes and moments.

He found out that he had learned to look through a camera lens at the Centro de Estudios de la Imagen (CEV), and that at the age of 18 was collaborating with several different written media outlets, and that, after leaving his last fixed job in 1990, after receiving the Fotopres prize for portraits, went off in search of a life as a freelance photographer, alternating the covers of magazines and records with personal exhibitions, covering his food and drink needs with vocational projects or romantic adventures set off by friends, such as the *El Canto de la Tripulación* or the magazine *Matador*.

Over these almost thirty years of feverish photographic activity, De las Alas has cultivated all sorts of styles, ranging from the low-tone editorial in trendy magazines –whether with or without any point– to the on the road report, and then to the most refined *gonzo* journalism, involving these portraits that are his main identity password, over which the advertising graphic designers and advertising designers are fighting at the moment.

For him, the portrait has never been a documentary vehicle, nor an excuse to recreate his most crazy fantasies. Neither is it a search for violent grimaces or pulled faces. Neither is he obsessed with capturing a magic an unrepeatable instant in the 35mm format. He would rather see this as a way of meeting people, and, to a certain extent, portraying himself.

"When I make a portrait; I feel that it is almost like a mirror. I always end up seeing something of me in it", he confesses.

In order to capture a character, Luis never needed *atrezzo* or gesticulation, but just a few careful minutes during which he managed to attract the attention of the subject. Then he asks them to adopt a normal expression, looking at him straight on. Instead of trying to make the model relax, he seeks confrontation and the game of gazes. The subject concentrates and the photo is made. It seems simple, but you do it!

Of course, this technique only works when one is dealing with a human being. I state this because our friend has sometime portrayed animals, like those birds of prey he exhibited in PHotoEspaña 1999 and that are also present in this book. In these cases I don't know how he sorted them out.

Going back to the portrait, Luis has such a fascination for this genre that sometimes he has driven an intransigent head editor mad. "I asked you to do a reportage on a subject and you bring me a series of portraits! So what is this?, he was asked once by someone. "What is going to be?", he responded with his proverbial reserve. "Your reportage".

When one has this disarming good sense and that bonhomie to deal with the ironies of the business, one can defend one's criterion and one's work better than anyone else. I do not know whether De las Alas teachers this to his students in the International Masters Degree in Contemporary Documentary Photography at the Centro de la Imagen Photography School (EFTI), where he has been giving classes for eight years, but he should do.

Luis has kept aware of the many transformations as a result of the new technologies, yet still believes that the working method continues to be the same in its essence, with similar results. "Previously we thought of photography as an act of registering", he explain. "But experience has shown me that although it is an indication of reality, it is still disturbed by its own medium: the montage, the lighting or the framing alter reality by decontextualising it so that it is not distorted".

The difference for De las Alas is that nowadays the manipulation inherent to photography is accepted as something inevitable. And, in admitting that the photographic activity has no real relationship with the real, the limits between documentary work (reportage, architecture, scientific studies) or fictional photography (advertising, fashion among others) are diluted. This supposes an enriching of these activities, but also a loss of identity and a split with the more classical view that categorises the different disciplines.

"My career has allowed me to include almost all the areas mentioned, applying different working methods in the various modalities that, from the outset, do not correspond to what is usually accepted", he acknowledges.

This attitude of a multi-faceted and unclassifiable professional, this stubborn resistance to embrace labels or to ascribe to any current or other is not normal in this profession. Perhaps this is why recognition from the most orthodox sectors has taken so long to come.

Luis, being more concerned about devouring life than collecting trophies, is still that eternal dreamer who, in 1988, went to cover the Harley Davidson convention and ended up joining the tribe forever. The same thing happened when he went to Biarritz beach to cover a story about a world surf championship longboard specialty event and he came back to Madrid with a surfboard under his arm.

Over the 96 pages of a pocket edition book it is difficult to take in the extensive work and the variety of registers involved in his photographic activity. Perhaps some facets of that which we have mentioned here may have been a little forgotten in this present publication. But we have preferred to grant more relevance to that less media-intense, more personal and artistic work that reflects the author's concerns, far from the surroundings of journalism.

Untreated images that are based on the contemplation of people and situations that he comes across every day. Simple photos, because, for him, the portrait is like rock'n'roll: "the more simple and direct it is the better it sounds, and with three chords it is done". Pure life, companion.

PHoto**Bolsillo**

Director de la colección / Series Editor
Chema Conesa

Coordinación / Coordination
Doménico Chiappe

Diseño original / Original Design
Fernando Gutiérrez

Asistencia editorial / Editorial Assistance
Amparo Balsas

Traducción / Translation
David Alan Prescott

Fotomecánica / Photomecanics
Cromotex

Impresión / Printer
Brizzolis

© de las imágenes / Image
Luis de las Alas

© del texto / Text
Juan Manuel Bellver

© de la presente edición / Present Edition
La Fábrica, 2013

ISBN
978-84-15691-15-0

Depósito legal
M-11724-2013

LA FABRICA

Editor / Publisher
Alberto Anaut

Directora editorial / Editorial Director
Camino Brasa

Director de Desarrollo / Development Director
Fernando Paz

Directora de Producción / Production Director
Paloma Castellanos

La Fábrica
Verónica, 13
28014 Madrid
Tel.: 34 91 360 1320
Fax: 34 91 360 1322
e-mail: edicion@lafabrica.com
www.lafabricaeditorial.com

Una coedición entre / A Coedition Between

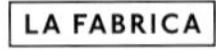

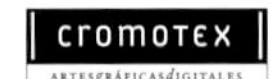

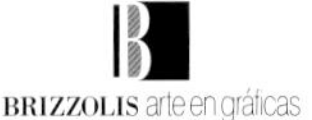

Biblioteca PHotoBolsillo

Biblioteca de Fotógrafos Españoles

Xavier Miserachs
Nicolás Muller
Humberto Rivas
Ricky Dávila
Koldo Chamorro
Francesc Català-Roca
Carlos Pérez Siquier
Luis Pérez-Mínguez
Gabriel Cualladó
Javier Vallhonrat
Miguel Trillo
Pilar Pequeño
César Lucas
Fernando Gordillo
Agustí Centelles
Baylón
Isabel Muñoz
José María Díaz-Maroto
Cristóbal Hara
Antonio Tabernero
Alberto García-Alix
Pablo Genovés
Clemente Bernad
Carlos Serrano
Ramón Masats
Óscar Molina
Cristina García Rodero
Pablo Pérez-Mínguez
Joan Fontcuberta
Navia
Ricard Terré
Fernando Herráez
Oriol Maspons
José Ignacio Lobo Altuna
Xurxo Lobato
Genín Andrada
Valentín Vallhonrat
Vari Caramés

Juan Manuel Díaz Burgos
Ferran Freixa
José Antonio Carrera
Manuel Vilariño
Kim Manresa
Rafael Navarro
Toni Catany
Luis Escobar
Marta Sentís
Chema Madoz
Ciuco Gutiérrez
Alberto Schommer
Ouka Leele
Manel Esclusa
Laura Torrado
Ángel Marcos
Ortiz Echagüe
Francisco Ontañón
Carlos Saura
Alfonso
Juan Manuel Castro Prieto
Pep Bonet
Juantxu Rodríguez
Paco Gómez
Virxilio Vieitez
Gonzalo Juanes
Rosa Muñoz
Leopoldo Pomés
José Ramón Bas
David Jiménez
Leonardo Cantero
Jordi Socías
Colita
Alfredo Cáliz
Gervasio Sánchez
Txema Salvans
Matías Costa
Emilio Morenatti
Pierre Gonnord
Ricardo Cases
Sofía Moro

Joan Tomás
José Cendón
Luis de las Alas

Biblioteca de Fotógrafos Latinoamericanos

Luis González Palma
Casasola
Marcos López
Cia de Foto
Raúl Cañibano

Biblioteca de Fotógrafos Africanos

Jean Depara
Samuel Fosso
Mama Casset
Zwelethu Mthethwa

Próximo título / To Be Published

Chema Conesa

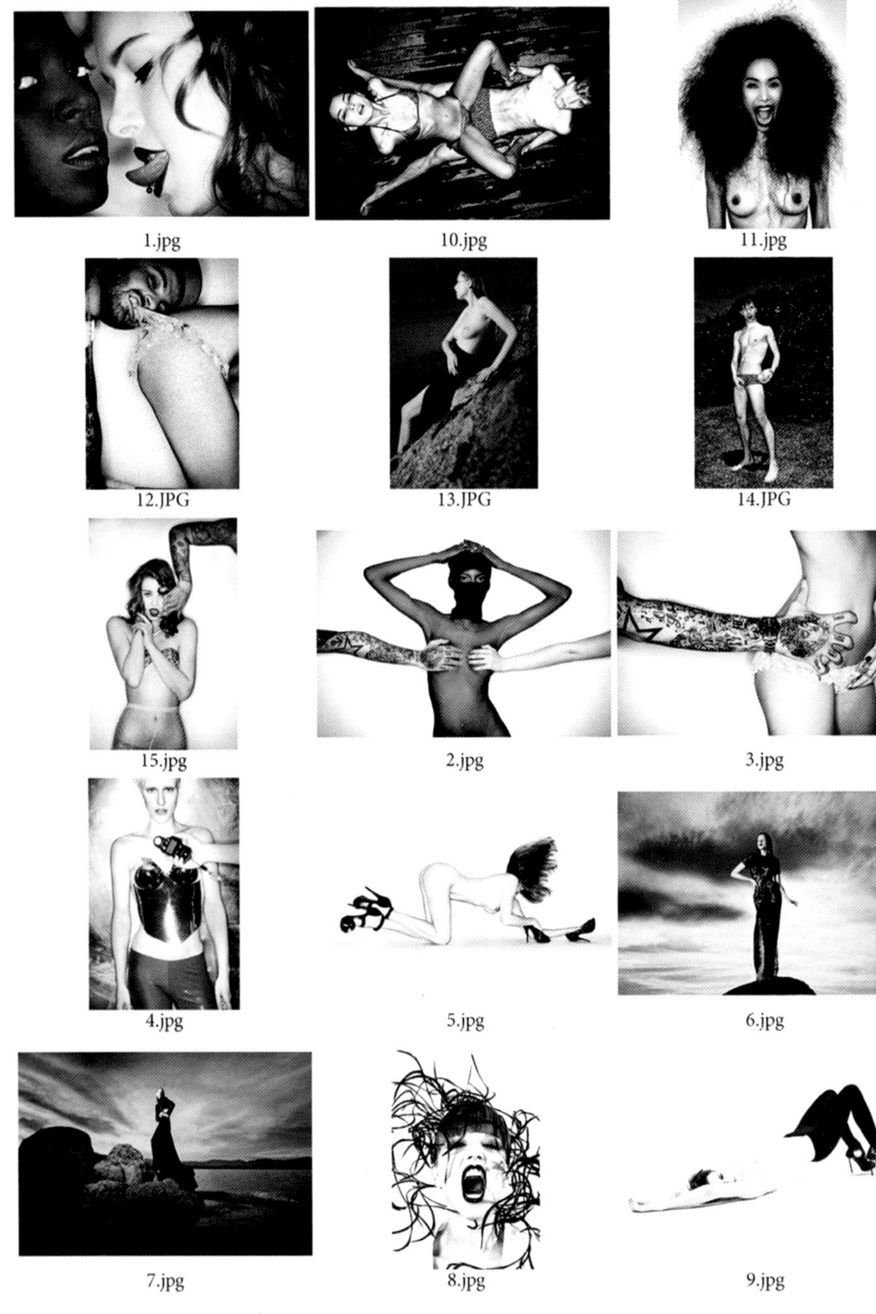

1.jpg

10.jpg

11.jpg

12.JPG

13.JPG

14.JPG

15.jpg

2.jpg

3.jpg

4.jpg

5.jpg

6.jpg

7.jpg

8.jpg

9.jpg